Aljoscha Long · Ronald Schweppe

Das Licht des Himmels in dir

Aljoscha Long · Ronald Schweppe

Das Licht des Himmels in dir

Meditationen und Märchen
über den Sinn des Lebens

Kösel

Sollte diese Publikation Links auf Webseiten Dritter enthalten, so übernehmen wir für deren Inhalte keine Haftung, da wir uns diese nicht zu eigen machen, sondern lediglich auf deren Stand zum Zeitpunkt der Erstveröffentlichung verweisen.

Verlagsgruppe Random House FSC® N001967

Copyright © 2018 Kösel-Verlag, München,
in der Verlagsgruppe Random House GmbH
Umschlag: Weisswerkstatt, München
Umschlagmotiv: © AllNikArt/shutterstock.com;
Ala Sharahlazava/shutterstock.com
Satz: Greiner & Reichel, Köln
Druck und Bindung: GGP Media GmbH, Pößneck
Printed in Germany
ISBN 978-3-466-34713-1

www.koesel.de

Inhalt

Der Himmel – weit und klar 9
Die Sehnsucht des Herzens 12

Von dem, was ist 15
Der Sog des Alltags – Dunkle Wolken am klaren Himmel 20

Das Leben nicht erledigen 27
Sorgen, Ängste, Unzufriedenheit – Flügel aus Blei 32

Von dem, was sein sollte 37
Nichts als offene Weite 41
Ruhiges Verweilen im Augenblick 45
Flügel aus Licht 50

Der Himmel in dir 55
Die Ausrichtung nach oben 59
Vom Erledigen zum Sein 64
Der Weg: Innehalten und loslassen 71
Die Kraft des Gelübdes – Die richtige Entscheidung treffen 77
Im Sturm Ruhe bewahren 83

7 Wege ins Licht 91

1. Erweitere deinen Raum und öffne deinen Geist   95

2. Bleib gelassen und heiter, egal, was passiert   116

3. Folge dem Weg deines Herzens   134

4. Lade das Schöne in dein Leben ein   157

5. Öffne dich für das Wunder des Jetzt   174

6. Verwandle Gebundensein in Verbundensein   189

7. Vergiss den Himmel nicht   205

Die Reisenden   221

Weitere Bücher der Autoren   223

*»Halt an – wo läufst du hin? Der Himmel ist in dir:
Suchst du Gott anderswo, du fehlst ihn für und für.«*
Angelus Silesius

Das Licht des Himmels ist immer da. So, wie unser Atem immer da ist, oder so, wie das Jetzt immer da ist. Das mag zwar tröstlich sein, hilft uns aber nicht, solange unser Denken und Fühlen ausschließlich um oberflächliche, irdische Dinge kreist. Auch wenn das Glück nur einen kleinen Schritt weit entfernt ist, können wir es eben doch nur spüren, wenn es uns gelingt, uns für die Gegenwart zu öffnen. Die unendliche Weite und Klarheit des Himmels können wir nur erfahren, wenn wir lernen, innezuhalten und auch nach oben zu blicken …

Das Licht des Himmels in dir ist kein Buch zum Durchlesen. Eher eins, in das du immer wieder einmal hineinschauen kannst. Viele kleine Inspirationen, Meditationen und Geschichten sowie kurze Übungen laden dich dazu ein, dir die Kräfte des Himmels bewusst zu machen, sie in deinem Geist wiederzuentdecken und in dir wachsen zu lassen.

Folge beim Lesen deiner Lust. Nicht alles ist immer und auch nicht für jeden hilfreich – aber manches zu einem bestimmten Zeitpunkt genau für dich. Probiere selbst aus, was du im Augenblick gebrauchen kannst.

Sei dir selbst das Licht, das dich erleuchtet.

Der Himmel – weit und klar

Der Himmel, wo die Vögel fliegen und die Wolken ziehen, wo Regen, Wind und Sonne ihre Heimat haben, ist wundervoll – und wie wir noch sehen werden, sollten wir ihm sehr viel mehr Beachtung schenken. Aber natürlich ist der Himmel, von dem wir in diesem Buch sprechen werden, nicht der Himmel, der sich uns von der Erde aus zeigt, wenn wir in Richtung Weltall blicken, sondern vielmehr der geistige Himmel in uns selbst.

Manche sprechen von »Gott«, andere von der »Quelle des Seins«, dem »Dao« oder dem »Universum«, doch wir haben uns für »Himmel« entschieden, wohlwissend, dass kein Wort ausreicht, um zu beschreiben, was größer als alle Worte ist. Begriffe können immer nur Wegweiser sein – aber immerhin ... Wegweiser sind uns auf dem Weg zum Ziel oft sehr behilflich.

Die alten Weisen Chinas nannten Erleuchtete »Wesen, die das Licht des Himmels ausstrahlen«. Und das Vaterunser, das meistgesprochene Gebet der Christen in aller Welt, beginnt mit den Worten: »Vater unser, der du bist im Himmel ...« Wenn Christen, Daoisten oder auch Buddhisten vom »Himmel« sprechen, meinen sie nicht den Himmel über unseren Köpfen.
Aber was meinen sie dann?

> *»Klarheit und Stille, Weite und Offenheit –*
> *Dies sind die Qualitäten des Himmels.*
> *Menschen, die sich diese zu eigen machen,*
> *sind offen und frei, ruhig und unbeschwert.*
> *Obwohl sie nicht eingreifen, bleibt doch nichts ungetan.*
> *Obwohl sie nicht scheinen wollen,*
> *strahlen sie doch das Licht des Himmels aus.«*
> Laozi

Klarheit, Weite, Offenheit, Unendlichkeit, Stille und Ruhe – dies sind die Eigenschaften des Himmels:

- Die *Klarheit* des Himmels erinnert uns daran, uns auf die Kraft des Lichts in uns auszurichten und uns nicht von den kleinen und größeren Katastrophen des täglichen Lebens verwirren zu lassen.
- Die *Weite* des Himmels erinnert uns daran, uns von Einschränkungen und Zwängen zu befreien, die unseren Geist einengen, und unseren inneren Horizont stattdessen weit werden zu lassen.
- Die *Offenheit* des Himmels erinnert uns daran, ohne vorgefertigte Meinungen auf Menschen und Dinge zuzugehen und dem Neuen in unserem Leben mit kindlicher Neugier zu begegnen.
- Die *Unendlichkeit* des Himmels erinnert uns daran, dass wir nicht nur in der messbaren Zeit leben, sondern ebenso Kinder der Ewigkeit sind.
- Die *Stille und Ruhe*, die der Himmel ausstrahlt, erinnern uns daran, innerlich still zu werden und unerschütterlich in uns selbst zu ruhen.

Vor 1500 Jahren begegnete Kaiser Liang Wu Di dem Bodhidharma, dem ersten Patriarchen der Zen-Meditationslinie. Er wollte ihn mit seinen Leistungen beeindrucken.
Der Kaiser sprach: »Ich ließ viele Tempel erbauen. Ich ließ die Predigten des Buddha hundertfach abschreiben und zahllose Mönche weihen. Welche Verdienste habe ich mir nun dadurch erworben?«
Bodhidharma antwortete: »Das alles sind nur wertlose Dinge. Sie gleichen Schatten, die der Gestalt folgen, und sind ganz und gar unwesentlich.«
Der Kaiser sprach erstaunt: »Worin bestehen wahre Verdienste denn sonst?«
Bodhidharma erwiderte: »Es ist das reine Wissen, geheimnisvoll und wunderbar. Sein Wesen ist Leere und Stille. Durch weltliches Tun lässt es sich nie erlangen.«
Daraufhin fragte Liang Wu Di: »Welches ist der höchste Sinn deiner Lehre?«
Bodhidharma antwortete: »Offene Weite – nichts Heiliges darin.«

Offenheit, Weite, Licht, Ewigkeit und Stille sind nicht »heilig«. Sie sind an sich überhaupt nichts Besonderes. Wenn unser Geist zur Ruhe kommt, kehrt er zu seiner wahren Natur zurück. Dann erscheinen all diese Qualitäten ganz von selbst. Wenn da nur nicht die Unzufriedenheit wäre ...

Die Sehnsucht des Herzens

Der Sohn des Fürsten hatte alles, was sich Menschen so wünschen. Er genoss die feinsten Speisen, den besten Wein, die Leute verneigten sich vor ihm, wenn sie ihm begegneten, die Jünglinge bewunderten ihn, die Mädchen wurden rot und warfen ihm scheue und begehrliche Blicke zu. Und doch war er nicht zufrieden. Er hatte das Gefühl, dass ihm etwas fehle in seinem Leben, auch wenn er nicht so recht wusste, was das wohl sein könnte – denn hatte er nicht eigentlich schon alles?

Schließlich wagte er es, mit seinem Vater zu sprechen, der nicht nur der Fürst, sondern auch ein kluger und erfahrener Mann war. Sein Vater runzelte die Stirn, schüttelte den Kopf und meinte: »Was dir fehlt, mein Sohn, ist Verantwortung. Und am besten ist es, du suchst dir eine gute Frau und zeugst ein Kind – dann wirst du keine Zeit für Unzufriedenheit mehr haben.«

Nun war sein Vater zwar wohl ein kluger Mann, und sicherlich war Verantwortung zu tragen, eine Frau und ein Kind zu haben gut und recht. Doch er spürte in seinem Innersten, dass davor noch etwas kam, dass er für Frau und Kind noch nicht bereit war und dies auch nicht die Wurzel seiner Unzufriedenheit sein konnte.

Er sprach mit seinen Kameraden, doch die lachten ihn nur aus. »Such dir ein Mädchen, besser noch zwei, trink einen guten Wein, und du wirst sehen, dass deine Unzufriedenheit dahinschmilzt wie Schnee in der Frühlingssonne.« Er sagte nichts dazu und lächelte ein wenig traurig. Nein, die Mädchen waren sicherlich süß, ihre Küsse und Umarmungen noch köstlicher – doch das war es auch nicht, was ihm fehlte.

Schließlich dachte er an seinen alten Lehrer, der schon seines Vaters Lehrer gewesen war. Der alte Weise lebte in einer Hütte in dem verwilderten Wald, der an den Fürstenpalast grenzte. Vor diesem Alten hatte er großen Respekt – ja, sogar sein Vater begegnete dem alten Lehrer mit Ehrfurcht. Konnte er es wagen, jenen Meister mit seinen kleinlichen Sorgen und seiner dummen Unzufriedenheit zu belästigen? Eine Weile rang er mit sich. Doch dann machte er sich auf den Weg und klopfte bald darauf an die Tür der Hütte.

Der Alte öffnete sogleich, als hätte er ihn bereits erwartet. Er bat ihn herein, hieß ihn, Platz zu nehmen, und setzte ihm eine Schale duftenden Tees vor. So saßen sich die beiden Männer eine Weile schweigend und Tee trinkend gegenüber, und der alte Lehrer lächelte den Fürstensohn sanft und voller Mitgefühl an. Schließlich fasste sich der Jüngling ein Herz und sprach von seiner Unzufriedenheit, von seinem Leben in Überfülle, das ihn nicht befriedigte, von dem Gefühl, dass ihm etwas Wichtiges fehle, und von der Scham darüber, unzufrieden zu sein, obwohl es ihm doch so gut gehe. Der alte Lehrer nickte dann und wann verständnisvoll, und so öffnete ihm der Fürstensohn sein ganzes Herz.

Als er geendet hatte, legte ihm der Alte die Hand auf die Schulter und lächelte. »Mein Lieber, ich weiß wohl, was dir fehlt – doch sagen kann ich es dir nicht.«

Enttäuscht schlug der Jüngling die Augen nieder, aber schon fuhr der Alte fort: »Doch ich weiß einen, der dir Rat geben kann.« Er erhob sich und bedeutete dem jungen Mann, ihm zu folgen. Hinter der Hütte befand sich ein kleiner Garten mit Kräutern und einer Wiese, auf der ein kleiner Esel graste. »Dies ist mein Freund Faris«, sprach er, während er auf den Esel deutete. »Erzähl ihm, was du mir anvertraut hast.«

Der Fürstensohn machte große Augen. »Wem? Dem Esel?«

Der alte Lehrer lachte und nickte, und der kleine Esel blickte auf und sah die beiden Menschen mit seinen großen, klugen Augen an.

»Ja, dem Esel. Faris. Und in einer Woche kannst du mich wieder besuchen und mir berichten, was du gelernt hast.« Damit wandte er sich um und ging zurück in seine Hütte.

Der Jüngling blieb ratlos zurück. War das die ganze Weisheit des Weisen? Vielleicht war sein alter Lehrer schon ein wenig verwirrt.

Er sah den Esel an und sagte spöttisch: »Dir also soll ich von meinem

Kummer erzählen, worauf der alte Lehrer keine Antwort wusste?« Er lachte laut auf, da es fast so aussah, als ob der Esel genickt hätte. »Nun gut – dann sind es eben zwei Esel ...« Und so erzählte er ihm all das, was er dem Lehrer erzählt hatte. Seltsamerweise fiel ihm das gar nicht schwer, denn der kleine Esel sah ihn mit seinen großen Augen ruhig an und schien jedes Wort zu verstehen. Und allein das machte sein Herz ein wenig leichter.

Doch wie erstaunt war er, als der Esel, nachdem er geendet hatte, schließlich sprach: »Ja, mein Fürstensöhnchen, deinem Herzen musst du folgen, wenn du Zufriedenheit erlangen willst!«

Der Jüngling stand mit offenem Mund da. Der Esel konnte sprechen – oder er selbst war verrückt geworden. Und doch: Was der kleine Esel da gesagt hatte, brachte eine Saite in seiner Seele zum Schwingen. »Deinem Herzen musst du folgen!« Er spürte, dass das die Wahrheit war. Doch was nun? Wie ging das überhaupt, seinem Herzen folgen?

Noch bevor er sich dazu durchringen konnte, den Esel zu fragen, sprach dieser: »Nun mach erst einmal den Mund zu, Söhnchen, sonst verschluckst du noch eine Fliege! Ja, ja, deinem Herzen musst du folgen, das ist wohl klar. Doch zuvor musst du lernen, genau hinzusehen: Was ist da?«

Der Fürstensohn schloss mit Mühe den Mund, nur um ihn gleich wieder zu öffnen. »Wo?«, fragte er.

Der Esel schüttelte den Kopf. »Denk nach. Komm morgen wieder, wenn du nachgedacht hast.« Damit wandte er sich wieder dem saftigen Gras zu. Und der Jüngling ging nachdenklich und immer noch zutiefst verblüfft zurück zum Palast seines Vaters.

»Was ist da?«, murmelte er vor sich hin und fand keine Antwort.

* * *

Von dem, was ist

»›Ist das hier wirklich? Oder passiert es in meinem Kopf?‹
›Natürlich passiert es in deinem Kopf – aber warum um alles
in der Welt sollte das bedeuten, dass es nicht wirklich ist?‹«
Joanne K. Rowling

Das, was ist – all die Dinge, die ständig in unserem Leben geschehen –, können wir kaum verändern. Eines aber können wir sehr wohl verändern: unseren Geist oder, besser gesagt, die Richtung, in die wir unsere Aufmerksamkeit lenken. Die Richtung unserer Aufmerksamkeit entscheidet darüber, ob wir Licht oder Dunkelheit, Klarheit oder Verwirrung, Weite und Offenheit oder aber Enge und Angst erfahren. Das, worauf wir unseren Blick richten, prägt unsere Einstellung, unsere Neigungen und schließlich unser Wesen. Ob Himmel oder Hölle, das ist keine Frage des Zufalls.

Buddha meinte, Leben ohne Leiden sei nicht möglich, was auch der Grund für unsere Unzufriedenheit sei. Irgendetwas scheint immer zu fehlen. Irgendetwas scheint immer »falsch« zu sein. Auch heutzutage: Wir stehen im Stau, obwohl wir einen wichtigen Termin haben. Wir streiten uns mit unseren Kindern oder Eltern über marginale Angelegenheiten, die uns dennoch aus der Fassung zu bringend drohen. Wir schlafen unruhig, haben Probleme im Job oder spüren auf einmal, dass wir jeden Tag älter werden.

Und je tiefer wir im Grau des Alltags versinken, desto mehr sehnen wir uns nach etwas, was jenseits aller Probleme und jenseits aller Dunkelheit liegt – wir sehnen uns nach unserer Quelle, nach Gott, nach den Farben des Himmels.

Wenn du unzufrieden oder unglücklich bist mit dem, was ist, wird es Zeit, etwas zu verändern. Doch das, was du verändern solltest, ist nichts Äußeres, sondern etwas Inneres: Es ist das, was du tust, was du sagst, und vor allem das, was du – und zwar auch über dich selbst – denkst. Es sind deine geistigen Gewohnheiten oder Glaubenssätze, die du verändern solltest.

Glaubst du, dass die Dinge so, wie sie sind, nicht gut genug sind? Und dass du dein Leben »in den Griff« bekommen musst?

Glaubst du, dass du so, wie du bist, nicht ausreichst? Dass du irgendwie besser oder perfekter sein musst, damit andere dich schätzen und respektieren können?

Glaubst du, dass es ständig furchtbar viel zu erledigen gibt und du immer zu wenig Zeit hast?

Denkgewohnheiten wie diese sind weit verbreitet. Und doch sind es eben nur *Gewohnheiten*. Verwechsle sie nicht mit der Wirklichkeit. Sie sind nur *eine* Möglichkeit, die Dinge zu sehen – eine von vielen …

Denkgewohnheiten umprogrammieren

Setz dich entspannt hin. Schließ die Augen. Lass deinen Atem einfach kommen und gehen – immer wieder, so lange, bis du innerlich ein wenig zur Ruhe gekommen bist.
Denk dann mehrmals die folgenden Sätze; flüstere sie ganz leise, oder sprich sie innerlich aus:
- »So, wie sie sind, sind die Dinge vollkommen in Ordnung. Ich muss nichts in den Griff bekommen. Das Leben lebt von ganz allein.«
- »So, wie ich bin, bin ich vollkommen in Ordnung. Ich muss nichts an mir ändern – es reicht völlig, zur Ruhe zu kommen und mich selbst zu erkennen.«

Sprich die Worte innerlich ganz langsam und ruhig. Bleib in deinem Atemrhythmus und wiederhole sie abwechselnd immer wieder. Mach längere Pausen zwischen den Sätzen, in denen du das sanfte Ein- und Ausströmen des Atems beobachtest und den Sinn der Worte wirken lässt.
Die Worte, die du zu dir selbst sagst, haben große Macht. Wenn du diese Übung über längere Zeit regelmäßig ausführst, wirst du neue, befreiende Denkgewohnheiten schaffen.

»Nichts ist so mächtig
wie die Macht der Gewohnheit.«
Ovid

Als der Jüngling am nächsten Morgen erwachte, lachte er. »Was für ein seltsamer Traum!«, rief er. »Ein sprechender Esel ...« Doch je wacher, desto nachdenklicher wurde er, und sein Lachen verstummte. Ganz sicher war er sich zwar immer noch nicht, doch seine Erinnerungen glichen nicht denen eines Traums. Er war bei dem alten Lehrer gewesen und hatte tatsächlich mit dem Esel gesprochen ... Wie war sein Name? Faris? ... Er lächelte. Ob nun Traum oder Wirklichkeit – es war zum Lachen. Vielleicht war seine ganze Unzufriedenheit eine Farce? Der Esel hatte gesagt: »... deinem Herzen musst du folgen, wenn du Zufriedenheit erlangen willst!« Das war ein guter Rat, das fühlte er deutlich. Doch was war mit dieser Frage »Was ist da?«?

Das war doch eine überaus seltsame Frage. Alles war da. Das Schloss. Die Menschen. Er selbst. Die Luft. Die Tiere. Alles eben. Der Esel? Er zweifelte ein wenig, doch nein: Auch der alte Lehrer und der Esel waren da. Seine Unzufriedenheit war auch da. Wirklich? Kurz schien es fast so, als wäre sie nicht da. Doch jetzt, wo er an sie dachte, war sie ganz deutlich da. Lag darin das Geheimnis?

Oje. Er seufzte und sprang aus dem Bett. Was ganz sicher da war, war der Hoflehrer, der ihn in Sprachen, Geschichte, Geografie, Politik, Recht und Philosophie unterrichten sollte und der gewiss schon ungeduldig auf ihn wartete ...

Der Hoflehrer war mittelalt, mittelmürrisch, mittelklug und mittelmäßig, doch das machte er mit einem großen Respekt vor sich selbst wett. Und er konnte es nicht leiden, wenn andere diesen Respekt nicht zeigten, insbesondere dann, wenn es der Fürstensohn war, der zu spät kam, den er aber nicht zu schelten wagte.

»Was ist da?«, fragte der Fürstensohn.

Unwirsch schnappte der Lehrer: »Dumme Frage, Euer Gnaden. Natürlich das, was man sehen, hören und spüren kann!«

»Aber ich sehe eine dunkle Zukunft, höre meine Gedanken und spüre, dass das nicht alles ist ...«

»Es ist ganz einfach: Wenn etwas messbar ist, dann ist es da. Wenn nicht, dann sind es Hirngespinste und Fantastereien und Gefühlsduselei. Wir aber«, und er sah Pentho – denn so hieß der Fürstensohn – streng an, »wollen uns nun mit der Geschichte des Reiches und nicht mit Einbildungen beschäftigen.«

Der Fürstensohn erkannte, dass das Messbare nicht alles, aber immerhin ein Anfang war. Und während der Hoflehrer über die Geschichte des Reiches dozierte, überlegte Pentho, was denn alles Mess- und Zählbare war, das er besaß. Und da gab es viel zu zählen.

Ganz gleich, was der Hoflehrer sagte – es gab sehr viel mehr, was da war: seine Pflichten, seine Stellung, seine Erwartungen und Wünsche ... Und seine Unzufriedenheit. Die war bestimmt da, das fühlte er deutlich.

* * *

»Wer Seelenfrieden sucht,
kann ihn doch niemals finden, solange die Ursache
der Unzufriedenheit in ihm selbst liegt.«
Ignatius von Loyola

Was wir sehen und messen können, ist nur ein kleiner Teil der Wirklichkeit. Ebenso sind aber auch unsere Pflichten, Sorgen und Alltagsprobleme nur ein kleiner Teil. Die Wirklichkeit ist unendlich viel größer als das, was vor unserer Nase erscheint.

Nur wenn du auch mitten im Alltag den Himmel nicht vergisst, nur wenn du bewusst entscheidest, auf was du deinen Geist ausrichtest, kannst du von der Oberfläche zum Wesentlichen, von der Unzufriedenheit zur Zufriedenheit finden und das, »was ist«, wirklich erkennen.

Der Sog des Alltags –
Dunkle Wolken am klaren Himmel

Am nächsten Morgen begab sich der Fürstensohn zum Esel, von dem er nicht ganz sicher war, ob es ihn überhaupt gab. Wie sich schnell herausstellte, gab es ihn sehr wohl. Bedächtig Gras rupfend, stand er nach wie vor hinter der Hütte des alten Lehrers und zuckte als Willkommensgruß mit dem linken Ohr.

»Guten Morgen, Esel«, fing er an. »Ich ...«
»Faris.«
»Wie bitte?«
»Ich heiße Faris.«
»O ja. Guten Morgen, Faris. Ich habe die ...«
»Ich? Wer ist ich?«

Der Fürstensohn verdrehte die Augen. »Also gut, Faris, ich heiße Pentho. Und ich habe über die Frage nachgedacht, die du mir gestellt hast: ›Was ist da?‹ Ich habe die Frage meinem Hauslehrer gestellt, und er sagt: ›Nur was man anfassen kann, ist da.‹ Doch das kann ich nicht glauben. Meine Gedanken, meine Pflichten, meine Unzufriedenheit sind doch auch da!«

Faris schüttelte den Kopf. »Ja klar. Und die Ameisen und die Wolken und die Flöhe am Hintern des Hofhunds ... sie alle sind da. Aber was von dem, was da ist, macht dich denn so unzufrieden?«

»Ach, wenn ich das nur wüsste. Ich habe ja mehr als die meisten Menschen, und dennoch ...«

»Vielleicht ist es ja, dass du zu viele Dinge besitzt?«

»Wieso sollte mich das unzufrieden machen? Du bist wirklich ein Esel.«

»In der Tat. Und damit ein klein wenig schlauer als die meisten Menschen. Du glaubst, dass Dinge, die du besitzt, dich nicht unzufrieden machen können? Weißt du denn nicht, dass alles, was du besitzt, dich wiederum besitzt?«

Pentho blickte den Esel fragend an.

»Na, dann erzähl ich dir mal eine kleine Geschichte«, sagte der Esel.

»Kommen Esel darin vor?«

»Nein.«

»Also gut. Dann erzähl mal.«

Der Wunschwöchler

Ein armer Mann wünschte sich, wie wohl die meisten armen Männer, ein reicher Mann zu sein. Im Gegensatz zu vielen anderen Armen war er allerdings ein Glückspilz, denn er war genügsam und mit dem wenigen, das er hatte, recht zufrieden. Was er als Tagelöhner verdiente, reichte für das Nötigste und zudem dann und wann für einen kleinen Krug Wein, den er mit Freunden zusammen leerte. Die Freunde luden wiederum ihn ein, und so war er doch öfter als nicht ganz glücklich mit seinem Leben. Niemand verlangte etwas von ihm, er musste keine Frondienste leisten, er war ein braver Bürger und kein Verbrecher und er musste nicht im Gefängnis darben.

Eines Abends jedoch, als er von einem Umtrunk mit seinen Freunden nach Hause wankte, stolperte er in ein Gebüsch und fand dort eine kleine goldene Flasche. Er rappelte sich auf und rieb erst seine Hände, dann das Fläschchen sauber. Doch kaum hatte er zu reiben begonnen, entstieg dem Fläschchen ein Dschinn, hoch wie eine Tanne. Der Dschinn räusperte sich, dass es nur so donnerte, blickte aus Baumwipfelhöhe auf den Mann herab und sprach: »Ich danke dir, o mein Retter. Du hast mich aus der Flasche befreit. Dafür gewähre ich dir eine Gabe: An jedem ersten Tag der Woche wirst du von nun an das bekommen, was du dir gerade wünschst.«

Der Arme konnte sein Glück kaum fassen. Von drei Wünschen hatte er ja schon gehört. Aber jede Woche? »Jede Woche? Was ich mir wünsche?«, fragte er sicherheitshalber.

»Nun«, sprach der Dschinn. »Damit du keinen Unsinn anstellst, man kennt es ja von euch Menschen, darfst du dir nur Dinge wünschen – und du darfst keine Dinge wegwünschen.«

»Oh«, sagte der Arme. »Das geht in Ordnung.«

Und mit einem Mal waren Dschinn und Flasche verschwunden. Der Arme rieb sich die Augen. Hatte er das nur geträumt? War es der Wein? Er beschloss, nicht weiter darüber nachzudenken, ging nach Hause und legte sich ins Bett. Am nächsten Tag verdingte er sich wieder als Tagelöhner und auch den Tag darauf. Den Dschinn hatte er schon bald vergessen. Am siebten Tag erwachte er, streckte sich, gähnte und seufzte: »Ich wünschte, ich hätte ein weicheres Bett!« Unter ihm bewegte es sich, und er lag auf einem wunderbaren Federbett, so sanft und weich, wie es nur sein konnte. Verdattert betrachtete der Arme das Wunder. Dann fiel ihm der Dschinn wieder ein. »Verflixt! Den Wunsch für die Woche habe ich jetzt vergeudet. Das passiert mir nicht wieder.«

Sein Wunsch für die folgende Woche, nur um den Zauber auszuprobieren, war eine Truhe Gold. Jeden Tag machte er einen Strich auf dem Tisch, und als sechs Tage vergangen waren, schlief er schlecht in der Nacht. Sobald der siebte Tag anbrach, sprach er: »Ich wünsche mir eine Truhe Gold!« Da fiel ihm siedend heiß ein, dass er die Größe der Truhe nicht bestimmt hatte; doch der Wunsch war der Wunsch, den er gedacht, nicht nur das, was er in Worten gesagt hatte. Und so erschien eine Truhe in der Ecke des Zimmers, nicht zu groß, nicht zu klein, ganz so, als wäre sie schon immer da gewesen. Bangen Herzens öffnete er sie: Und tatsächlich war sie angefüllt mit schweren, glänzenden Goldstücken.

Der Arme war nun kein Armer mehr. Er kaufte erst einmal gutes Essen ein, all die feinen Dinge, die er sich bisher nie leisten konnte. Dann ging er zu Schneider und Schuster, um sich Gewand und Schuhe anfertigen zu lassen. Als er von den Einkäufen erschöpft nach Hause kam, hatte er gerade einmal drei der Goldstücke ausgegeben, und die Truhe war noch fast voll. Da erkannte er, dass er wirklich unermesslich reich war. Jede Woche könnte er sich nicht nur eine solche

Truhe wüschen, sondern eine viel größere noch, ja, einen Palast mit einer Schatzkammer ... Ein Wunsch jagte den nächsten. Völlig erschöpft von seinen ins Riesenhafte gewachsenen Wünschen schlief er ein und träumte wirre Träume.

Als er am Morgen erwachte, war die Truhe verschwunden, und die Tür war aufgebrochen. Diebe hatten vom plötzlichen Reichtum des Mannes gehört und waren ihrem Beruf fleißig nachgegangen. Nun war der arme Mann wieder arm. Nicht nur arm, sondern auch wütend: Dieses Gesindel hatte sein Gold, das rechtmäßig ihm gehörte, gestohlen! Nach einer Weile beruhigte er sich, als ihm einfiel, dass er nächste Woche wieder wünschen dürfte. Und diesmal würde er es richtig machen! Aber die Diebe – wenn er die in die Finger bekäme!

Am Wunschtag der folgenden Woche wünschte er sich einen Palast mit gefüllter Schatz- und Speisekammer, mit allem Drum und Dran ... Und kaum war der Wunsch ausgesprochen, fand er sich in dem Palast vor, genau so, wie er ihn sich vorgestellt hatte. Nur Menschen fehlten. Nun ging die Arbeit los. Er musste Diener, Köche, Mägde, Unterhalter anheuern. Wie machte man das? Er begab sich mit einem Beutel Gold auf den Weg zum Markt. Schließlich hatte er ein ganzes Gefolge – zwei Dutzend Bedienstete – und begann, es sich gemütlich zu machen. Jetzt war es schon etwas besser. Die Woche ging im Flug vorbei. Ein neuer Wunsch! Aber was? Er wünschte sich noch größere und wertvollere Schätze, von allem nur das Feinste! Und sein Wunsch ward ihm erfüllt.

Immer wieder suchten ihn ganze Diebesbanden heim, die ihm nicht viel ausmachten, konnte er sich doch alles aufs Neue wünschen. Aber er bekam es mit der Angst zu tun und heuerte eine ganze Schar alter Soldaten als Leibwächter an. Mittlerweile hatte er überhaupt keinen Überblick mehr, wie viele Bedienstete er hatte, was jeder an Lohn bekommen sollte, wann die Zahlung fällig war. Auch die vielen Handwerker, der Schneider, der Schuster, der Metzger, der Bäcker ... An alle musste gedacht werden. Es war viel Arbeit, reich zu sein. Da konnte er es überhaupt nicht leiden, dass seine alten Freunde aus den vergangenen Zeiten, als er noch arm war, zu ihm kamen und dreist Wünsche äußerten. Für so einen Unsinn hätte er nun keine Zeit, sagte er und ließ sie aus dem Palast weisen.

Und schon wieder war eine Woche herum und ein Wunsch war fällig. Er hätte sich gern Frieden, Fröhlichkeit, Zufriedenheit und Ruhe gewünscht. Auch hätte er gern etwas von dem gewaltigen Überfluss weggewünscht. Doch genau diese beiden Ausnahmen hatte der verfluchte Dschinn gemacht! Er durfte nur Dinge herbei- und nichts wegwünschen. Nun waren all die Diener da, die bezahlt werden wollten. Und man musste ihnen sagen, was zu tun sei, selbst wenn man keinerlei Ahnung hatte, was zu tun wäre. Der Steuereinnehmer kam und forderte den Tribut des Königs. Bettler, Bittsteller, Betrüger und Beutelschneider umlagerten seinen Palast.

Der arme reiche Mann aber saß in seinem Bett in seinem Palast und weinte, als ihm klar wurde, dass er bis an sein Lebensende jede Woche einen Wunsch erfüllt bekäme.

Der Fürstensohn hatte nachdenklich zugehört. War es mit ihm nicht so ähnlich? Bekam er nicht fast alles, was er sich wünschte – und war doch nicht zufrieden?

Faris schüttelte den Kopf. »Menschen ... Warum machen sie immer alles gleich, auch wenn sie wissen, dass sie etwas anders machen sollten?«

Der alte Lehrer war unbemerkt zu ihnen getreten. »Ja, die Menschen sind meist nicht so genügsam wie du, Faris«, lachte er, »und deshalb sind sie meist auch unglücklicher. Aber dass sie nicht aufhören können, etwas Dummes zu tun, jeden Tag aufs Neue ... Das ist der Sog des Alltags. Es ist wie bei einem Wasserstrudel. Wer hineingerät, muss sich ein wenig anstrengen, wenn er nicht im Strudel mitgerissen werden will.«

Pentho spürte deutlich, dass der alte Lehrer wieder etwas sehr Wichtiges gesagt hatte. Der Sog des Alltags hatte etwas mit seiner Unzufriedenheit zu tun, das wusste er. Dieser Sog war nicht die Ursache der Unzufriedenheit selbst – doch dass alles so blieb, wie es war, das war der »Sog des Alltags«, von dem der Lehrer gesprochen hatte.

Je eintöniger unser Alltag wird, desto schläfriger wird unser Geist. Um das Wesentliche zu erkennen, brauchen wir jedoch einen Geist, der klar und weit ist. Sonst besteht die Gefahr, dass wir die gleichen Fehler immer wieder aufs Neue wiederholen und uns schließlich ganz im Strudel der Alltäglichkeiten verlieren. Nimm dich in Acht vor der Routine des täglichen Lebens – sie wirkt vielleicht harmlos, ist es aber nicht: So, wie dunkle Wolken das Licht des Himmels verdecken, verdeckt die Alltagsroutine dir die Sicht auf deine wahre Natur.

>>*Ruhe oder Unrast unserer Seele hängen weniger von besonderen Ereignissen ab als von der gelungenen oder ungenügenden Ordnung unseres Alltagslebens.*«
François de La Rochefoucauld

Schlimme Ereignisse können uns vollkommen aus der Bahn werfen – und doch: Früher oder später werden wir zu unserer Mitte zurückfinden, denn die Zeit heilt, wenn auch vielleicht nicht alle, so doch die meisten Wunden. Die leise Unzufriedenheit jedoch, die an uns nagt, wird nicht durch Krisen verursacht, sondern ist die Folge sinnentleerter Routine. Wenn sich die Eintönigkeit des Alltags über deine Seele gelegt hat, dann merkst du das zum Beispiel daran, dass
- du immer öfter das Gefühl hast, dein Leben sollte unbeschwerter und schöner sein,
- du häufig nervös und unausgeglichen oder frustriert und niedergeschlagen bist,
- du dich sehr nach innerer Ruhe und mehr Gelassenheit sehnst und
- du spürst, dass du am Wesentlichen – an dir selbst und deinen Bedürfnissen – vorbeilebst.

Was, wenn du der Wind wärest?
Was, wenn du die dunklen Wolken, die deinen inneren Himmel verdecken, einfach wegblasen könntest?
Klingt das schwierig? Das ist es nicht.

Das Geheimnis liegt nämlich nicht darin, dich mehr anzustrengen, sondern im Gegenteil weniger zu tun und mehr geschehen zu lassen …

Das Leben nicht erledigen

Der Fürstensohn hatte seinen Abend damit verbracht, in der Bücherei des Schlosses zu stöbern. Dabei war er auf eine Geschichte gestoßen, die ihn verwirrte und fesselte und die er dem Esel Faris unbedingt gleich am nächsten Morgen erzählen wollte.

Der Mensch aus Papier
Vor vielen Jahren, die schnell vergingen, oder vor wenigen Jahren, die sich sehr langsam dahinschleppten, ich weiß es nicht mehr, lebte in der Stadt ein Mann, der als berühmter Philosoph galt. Jeder Mensch, so meinte er, bestehe aus bestimmten Eigenschaften, körperlichen und geistigen. Die könne man mit Worten klar beschreiben. Beschriebe man nun den vollständigen Menschen, so hätte man eine Kopie, also einen neuen Menschen geschaffen.

Die Leute staunten. Der Philosoph wurde zum Professor ernannt. Ein paar Vorwitzige meinten, er möge doch eine solche Kopie vorzeigen, dann würden sie's glauben. Theologiestudenten sahen besorgt drein und meinten, dass so nur ein Golem entstehen könne, ein Monster, denn einer solchen Kopie fehle die Seele. Die wirklich Klugen aber sagten nichts und schüttelten nur den Kopf.

Der Professor merkte es wohl, dass seine Idee nicht sonderlich Anklang fand, so wie es ihr gebührte. Man würde ja sehen! Sich selbst nämlich beschloss er vollständig zu beschreiben und so seinen Doppelgänger entstehen zu lassen, um mit doppelter Sprach- und Überzeugungskraft seinen Widersachern entgegentreten zu können.

Mit dem Allerkleinsten würde er beginnen. Mit seiner ersten Erinnerung als Kind. Ein bunter Ball, der wie ein unglaubliches Wunder auf dem Grün des Rasens funkelte ... die Ehrfurcht vor diesem

Wunder ... der Duft der Gräser und Blumen ... die Angst und Suche nach Schutz bei den Eltern ...

Immer tiefer und tiefer drang der Professor in seine Erinnerung ein und schrieb alles in sein Buch. Jeder Moment wuchs zum Zeitalter, auch Augenblicke, die längst vergessen geglaubt waren. Und der Professor schrieb und schrieb, merkte kaum, wie er schlief, aß, seine Notdurft verrichtete. Die Zeit fuhr fort fortzufahren.

Nun war er schon emeritiert, viele Jahre waren dahingegangen, doch das werdende Professörchen in seinem Buch hatte noch kaum sein viertes Lebensjahr erreicht. So ging es immer weiter und weiter, und das Leben des alten Professors begann als buchstabenbedrucktes Papier aufs Neue.

Als der Professor merkte, dass er wohl bald sterben müsse, schrieb er noch die letzten Worte: »Das also bin ich.«

Der Erbe des Professors, ein Neffe dritten Grades und Kaufmann, schüttelte den Kopf über das mit Papier vollgestopfte Zimmer des Erblassers. Er las ein paar Zeilen in den letzten Aufzeichnungen des Onkels und befand sie für langweilige und langatmige Beschreibungen der Gefühle eines Achtjährigen. Nur der letzte, unvermittelt auftretende Satz gefiel dem Neffen: »Das also bin ich.« Er schnitt den Satz aus dem Heft und verkaufte den ganzen restlichen Ramsch einem Altpapierhändler.

Den ausgeschnittenen Satz ließ er von einem Malermeister in goldener Schrift auf ein großes Pergament malen, rahmte ihn ein und hängte ihn in seinem Büro an die Wand hinter seinem Schreibtisch, sodass jeder, der ihn besuchen kam, als Erstes in goldenen Lettern sah: »Das also bin ich.«

Faris schaute verwirrt drein. Pentho lachte. »Ja, so muss ich wohl auch geguckt haben, als ich die Geschichte gestern las.«

* * *

Das Leben ist keine Agenda. Je mehr Dingen wir hinterherlaufen, desto mehr laufen wir an uns selbst vorbei. Je länger die Liste mit Erledigungen wird, desto schneller sind wir erledigt.

»Nicht zu geschäftig« zu sein ist für die meisten von uns eine echte Herausforderung. Hast du auch so viel zu tun? Denkst du schon beim Aufwachen an all die Dinge, die du heute erledigen »musst«? Dann spür einmal achtsam in dich hinein – am besten, während du noch im Bett liegst:

Was genau passiert, wenn du an all die Aktivitäten, Projekte, Ziele und Erledigungen des heutigen Tages denkst? Bleibt dein Körper dabei entspannt oder nicht? Bleibt dein Atem ruhig und tief, oder wird er schneller und flacher? Freust du dich auf die Aufgaben des heutigen Tages – oder erzeugen die Gedanken daran Stress?

»Willst« du oder »musst« du? Im letzteren Fall erzeugt deine To-do-Liste Stress, denn du handelst unter innerem Zwang. Doch wie sagte schon Epikur: »*Schlimm ist der Zwang, doch es gibt keinen Zwang, unter Zwang zu leben.*«

> »Wer erkannt hat, dass der innere Friede das höchste Ziel
> des Lebens ist, der bemühe sich um folgende Geisteshaltung:
> Er sei fähig, aufrichtig und offen,
> frei von Stolz, zugänglich und sanftmütig,
> zufrieden und nicht zu geschäftig ...«
> Buddha – Metta-Sutta

Es gibt so viele Dinge, denen wir nachjagen: Wir streben nach Ansehen, Geld, Besitz, Respekt oder Macht ...
Doch was wir wirklich suchen, liegt nicht da draußen in der Welt, sondern tief in unserem Herzen. Und darum ist es auch viel leichter zu erlangen – allerdings nur dann, wenn wir erkennen, dass die Tür zum Glück nach innen aufgeht.

Falls deine To-do-Listen dir helfen, den Kopf freizubekommen, sind sie sehr nützlich für dich. Wenn du dir zum Beispiel notierst, dass du noch Bananen und Milch einkaufen solltest, musst du nicht ständig daran denken und entlastest dein Gedächtnis. Doch leider ist es eine große Kunst, entspannt und achtsam mit solchen Listen umzugehen. Entlasten sie deinen Geist oder belasten sie ihn nur?

Der Unterschied liegt in deiner Einstellung und hängt davon ab, inwieweit es dir gelingt, bei all deinen Erledigungen entspannt und im Jetzt zu bleiben.

Viele Menschen scheinen ständig in Eile zu sein. Sie hetzen mit verkniffenem Gesicht durch den Tag und erwecken den Eindruck, unglaublich wichtige Dinge erledigen zu müssen. Trifft man sie nach einem Jahr, so sind sie immer noch in großer Eile.
Ob sie jemals ankommen werden?

Die To-be-Liste

Das Leben ist zu kostbar, um abgehakt zu werden. Wenn du das Gefühl hast, dass deine Betriebsamkeit im Grunde nichts anderes als eine Flucht nach vorn ist, solltest du die Bremse ziehen. Auf Erledigungslisten musst du deshalb nicht gleich verzichten, doch du solltest sie um eine sehr viel wichtigere Liste ergänzen – um die »To-be-Liste«. Die besteht aus nur vier Punkten:

1. Konzentrier dich auf das, was wirklich wichtig ist. Denk nicht nur an die goldenen Eier, sondern auch an die Gans. Sorge gut für dich, und finde heraus, was du brauchst, damit du frei atmen, gesund bleiben und innerlich wachsen kannst.
2. Was du auch tust – bleib wach und achtsam.
3. Handle und sprich sanftmütig und mitfühlend.
4. Folge deinem Herzen.

Sorgen, Ängste, Unzufriedenheit – Flügel aus Blei

Faris und Pentho saßen im Garten des alten Lehrers, und der Fürstensohn klagte wieder einmal. »Ich wäre so gern voller Tatkraft – doch der Sog des Alltags zerrt an mir, und ich sollte endlich damit aufhören, nur ans Erledigen und an Pflichten zu denken.«
Da kam der alte Lehrer und setzte sich zu ihnen. »Heute möchte ich euch nur eine kurze Geschichte erzählen.« Und er begann ...

Die Flügel aus Blei
Es war einmal, als die Menschen noch zwischen Himmel und Hölle lebten, ein oberschlaues Engelchen. Nicht alles im Himmel war herrlich und wunderschön – an manchen der Seelen hafteten noch Reste von Kummer, Sorgen, Ängsten und Ärgernissen. Das Engelchen wollte es aber blitzsauber haben, und so dachte es sich, dass man aus diesen unnötigen Dingen etwas Nützliches machen könne. Daher sammelte es den Kummer, die Sorgen, die Ängste und Ärgernisse und baute sie so geschickt zu einem gewaltigen Paar Flügel zusammen, dass der Kummer romantisch schillerte, die Sorgen wie Mitgefühl glänzten, die Ängste wie ein Geheimnis glitzerten und die Ärgernisse wie das Feuer der Beseeltheit glühten. Damit wollte es stolz vor Gottes Angesicht erscheinen. Doch kaum hatte es die Flügel angelegt, zogen sie es hinab in die Tiefe, in sausender Geschwindigkeit direkt hinunter in die Hölle. Dort schmolzen die stolzen Flügel wie bittere Schokolade, und das Engelchen musste dem Teufel lange dienen, bis es wieder ein Engelchen sein durfte.

Um uns in den Himmel aufzuschwingen, müssen wir fliegen können, und dazu brauchen wir Flügel. Nicht nur Engel haben Flügel – jeder Mensch hat sie: geistige Flügel. Wenn unsere Flügel jedoch aus Blei sind, nutzt alles Wollen nichts – wir kommen einfach nicht von der Erde weg.
Was aber ist es eigentlich, was uns so schwer wie Blei werden lässt?

Negative Geisteszustände sind wie Bleigewichte an unseren Flügeln. Sie machen uns schwer und unglücklich und ziehen uns immer tiefer in Probleme und Schwierigkeiten hinein. Einige von ihnen sind weitverbreitet:

- *Sorgen:* Sie sind lediglich Produkte unserer Vorstellung – düstere Bilder, die wir in die Zukunft projizieren, und Fantasien, die mit uns durchgehen. Es gibt kaum etwas, worüber man sich keine Sorgen machen könnte, und leider vermehren sich Sorgen ungehemmt. Sorgen können uns niemals vor möglichen Katastrophen in der Zukunft schützen, zerstören dafür aber immer den Frieden des gegenwärtigen Augenblicks.
- *Ängste:* Sie sind eng mit den Sorgen verwandt. Abgesehen von konkreten und berechtigten Ängsten – beispielsweise vor einem bissigen Hund oder einem Sprung aus großer Höhe –, sind Ängste ebenfalls ein Produkt unseres eigenen Geistes. Sie nähren sich aus der Vorstellung, nicht aus dem Ereignis. Jede Angst erzeugt Enge. Angst schränkt unsere Sicht ein, lässt den Atem stocken und den Körper steif und verspannt werden.
- *Unzufriedenheit:* Auch die Unzufriedenheit ist eine Folge unseres Denkens, insbesondere unserer Wertung und Bewertung. Unzufrieden können wir nur sein, wenn wir uns auf das Nega-

tive – auf den Mangel – konzentrieren. Unzufriedenheit ist das Gegenteil von Dankbarkeit.
- *Wut und Hass:* Sie scheinen emotionale Reaktionen auf Menschen oder Situationen zu sein, die wir als bedrohlich empfinden. Manchmal mag es wichtig sein, wütend zu werden, um sich durchsetzen zu können. Doch durch ruhige Entschlossenheit erreichen wir auf entspannte Weise mehr. Wut und Hass sind aber oft weniger Reaktionen als vielmehr Geisteshaltungen. Ein Wütender sucht in seiner Umgebung unbewusst nach Menschen oder Dingen, die ihn wütend machen. Die innerlich schon angelegte Wut bewirkt, dass wir nach äußeren Anlässen suchen, die unsere Wut zum Ausbruch bringen.
- *Neid und Eifersucht:* Neid und Eifersucht sind ein bisschen mit der Unzufriedenheit und auch ein wenig mit der Angst verwandt. Wer neidisch oder eifersüchtig ist, konzentriert sich ebenfalls auf das, was fehlt, auf den Mangel; hinzu kommt ein Gefühl von Schwäche und Unzulänglichkeit. Neid und Eifersucht entstehen, wenn wir uns als Opfer der Umstände sehen. Doch es sind nicht die Umstände, sondern unsere eigenen Gedanken und Vorstellungen, die uns zu Opfern machen.
- *Verwirrung und Orientierungslosigkeit:* Sie führen dazu, dass es uns schwerfällt, die richtige Entscheidung zu treffen. Es fehlt uns an Klarheit, sodass wir den richtigen Weg nicht mehr erkennen können. Im Buddhismus zählt Verwirrung oder »Unwissenheit« zu den drei Geistesgiften (die anderen beiden sind Gier und Hass). Doch ebenso wie bei Schlangengiften gibt es auch hier Gegengifte. Es sind die Qualitäten des Himmels – Weite, Offenheit, Klarheit, Ruhe und Gelassenheit.

*»Dass die Vögel der Sorge und des Kummers über deinem
Haupte herumschwirren, kannst du nicht verhindern.
Dass sie aber Nester in deinem Haar bauen,
das kannst du sehr wohl abwenden.«*
Aus China

Mentale »Ballast-Stoffe« abwerfen

Entspann dich, mach es dir bequem, atme einige Male durch. Stell dir dann die Frage, ob Sorgen dir helfen, das zu erreichen, was du erreichen willst. Machen sie etwas besser? Denk an Sorgen, die du dir vor längerer Zeit gemacht hast ... konnten sie Unglück oder Leiden verhindern?
Und wie sieht es mit Ängsten aus? Mit Unzufriedenheit, Wut, Neid oder Eifersucht? Geh die einzelnen mentalen »Ballast-Stoffe« durch und nimm dabei deine Vorstellungskraft und deine bisherigen Erfahrungen zu Hilfe.
Solltest du erkennen, dass dich diese Zustände nur belasten und vollkommen überflüssig sind, dann atme tief aus und lass los.
Ganz gleich, ob es nun die Vögel der Sorge, der Angst, der Verwirrung oder der Unzufriedenheit sind, die über deinem Haupt kreisen. Lass nicht zu, dass sie es sich in deinem Haar gemütlich machen, Eier legen und sie ausbrüten.

Negative Emotionen erzeugen Stress. Wenn du dich ab und zu mal ärgerst, dir gelegentlich Sorgen machst oder zuweilen wütend oder niedergeschlagen bist, ist das ganz normal. Halten belastende Zustände jedoch länger an oder treten sie häufig auf, schnappt die Stressfalle zu: Chronischer Stress belastet die Nerven, schwächt die Immunabwehr, erhöht den Blutdruck und steigert die Anfälligkeit für Asthma, Allergien, Herz-Kreislauf-Erkrankungen oder Kopf- und Rückenschmerzen. Diese Beschwerden führen dann wiederum dazu, dass du noch mehr Stress empfindest.

So gefährlich Stress für deine Gesundheit und dein Wohlbefinden ist, so kannst du ihn doch auch als wichtigen Botschafter aus deinem Unterbewusstsein ansehen. Jede Art von Stress zeigt dir nämlich an, dass es Zeit wird, etwas zu verändern.

Immer dann, wenn wir auf Situationen oder Menschen mit Anspannungen reagieren, entsteht Stress. Es gibt nur ein einziges Gegenmittel gegen Stress, das zugleich sehr schwierig und sehr einfach ist – Loslassen.
Gedanken sind nur Gedanken. Du bist nicht deine Gedanken.
Gefühle sind nur Gefühle. Du bist nicht deine Gefühle.
Beobachte das Kommen und Gehen dieser Phänomene, als wären es Wolken, die am Himmel vorbeiziehen – halt sie nicht fest und du wirst frei sein.

Von dem, was sein sollte

*»Der Mensch soll nicht sagen, dass er in den Himmel kommt,
sondern dass der Himmel in ihn komme. Wer ihn nicht
in sich selber trägt, der sucht ihn vergebens im ganzen All.«*
Otto Ludwig

Nicht genug damit, dass unser Leben vergänglich ist, ist es auch noch »unzulänglich«, wie Buddha es ausdrückte. Wunsch und Wirklichkeit driften bekanntlich weit auseinander. Wir sehnen uns nach Frieden, doch immer noch herrscht in vielen Teilen der Welt Krieg. Wir suchen nach Ruhe und Gelassenheit und sind doch allzu oft gestresst.

In aktuellen Umfragen wurden die Deutschen nach ihren Wünschen befragt. Wenig erstaunlich, standen Gesundheit und Geld weit oben auf der Wunschliste. Überraschender war jedoch, dass sich rund zwei Drittel der Befragten mehr Gelassenheit wünschten und sich über die Hälfte nach Ruhe und mehr Zeit für sich und ihre Freunde sehnte.

Wenn du einen Zauberstab hättest, mit dem du zwar weder Geld noch materielle Güter, dafür aber innere Qualitäten herbeizaubern könntest – was würdest du dir wünschen? Mehr Gelassenheit, innere Ruhe, Vertrauen, Freude, Mut oder …?

Der Fürstensohn hatte lange wach gelegen und gegrübelt. Nun wusste er, was alles da war: Und vor allem waren das Dinge, Pflichten und Sorgen. Er fühlte sich ein wenig elend und unzufriedener als je zuvor. Das alles waren doch, wie der Lehrer erklärt hatte, »Flügel aus Blei«. Wie sollte er sich mit solchen Flügeln zu Höherem aufschwingen?

Er beschloss, dem griesgrämigen Hoflehrer heute aus dem Weg zu gehen. Sollte er doch schimpfen. Viel lieber wollte er mit dem Esel und dem alten Lehrer sprechen.

Als er Faris sein Leid klagte, schüttelte der seinen Kopf, dass die langen Ohren nur so flogen. »Wer ist hier der Esel? Das Wichtigste hast du wohl nicht erkannt, oder? Dass es nämlich zu allem, was nicht schön ist, auch das Gegenteil gibt, das Schöne. Immer gibt es auch ein Gegenteil!«

Pentho fühlte sich schon etwas besser. »Ja, richtig. Du hast recht, Faris!« Dann wurde sein Blick wieder düster. »Aber was ist das Gegenteil von Dingen, von Pflichten, von Unzufriedenheit?«

»Ach, das ist einfach«, sagte Faris. »Freiheit, Vertrauen und Gelassenheit!«

Dass die Welt nicht so ist, wie wir sie gern hätten, müssen wir wohl akzeptieren. Falls unser Leben jedoch nicht so verläuft, wie wir uns das wünschen, können wir durchaus Einfluss darauf ausüben. Schließlich sind wir selbst dabei der maßgebliche Faktor. Die Beschaffenheit und Ausrichtung unseres Geistes entscheidet darüber, wie wir unser Leben empfinden. Buddha sagte: »*Dein Geist ist alles – das, was du denkst, das wirst du.*«

Vor gut 750 Jahren verfasste der Dominikaner Jacobus de Voragine die *Legenda Aurea* – eine Sammlung von Heiligenlegenden und Traktaten. Darin ist von einem Träumer die Rede, der vom gesegneten Himmelsland träumt, das er folgendermaßen beschreibt:

Eine schöne Wiese, worauf viele wundervolle Blumen standen; sanfter Wind wehte durch die Blätter der Bäume, die einen lieblichen Klang und süßen Duft erzeugten; die Früchte dort waren herrlich anzusehen und von köstlichem Geschmack ... die Mauern der Stadt waren aus reinem Gold, sodass sie in vollkommener Klarheit erstrahlte, und in der Luft sangen himmlische Scharen ein Lied, wie es kein menschliches Ohr jemals zuvor vernommen hat ...

In der Bibel finden wir Hinweise auf das Land, in dem Milch und Honig fließen. Und auch sonst gibt es im Christentum viele Beschreibungen vom Paradies. Dass wir uns heute noch nach Milch- und Honigflüssen sehnen, ist unwahrscheinlich. Doch an eines können uns die farbenfrohen Beschreibungen paradiesischer Zustände erinnern: Es gibt immer eine Alternative. Wir müssen nicht an der Oberfläche leben, wir können auch in die Tiefe eintauchen. Wir müssen nicht »auf der Erde kleben«, wir können auch den Himmel erobern. Niemand kann uns davon abhalten, unsere Aufmerksamkeit auf positive Kräfte zu lenken. Statt uns von Ängsten, Sorgen oder Hass beherrschen zu lassen, können wir unseren Geist auf Ruhe, Vertrauen oder Mitgefühl ausrichten. Und das ist nicht erst im Jenseits, sondern sofort möglich – hier und heute.

Lebe deine Werte

Möchtest du das Positive in dir nähren?

Zwei einfache Schritte helfen dir dabei:

1. Finde heraus, welche Qualitäten dir wichtig sind. Welche Werte sind *deine Werte*? Schau dir die folgenden Begriffe an, und wähle diejenigen, die du besonders gern entwickeln möchtest: Begeisterung – Einfachheit – Freiheit – Freude – Liebe – Mut – Achtsamkeit – Ruhe – Aufrichtigkeit – Frieden – Humor – Licht – Harmonie – Offenheit – Zufriedenheit.

2. Überleg dir, welche Möglichkeiten es konkret gibt, den ausgewählten Werten in deinem Leben mehr Raum zu geben. Was müsstest du dazu ändern? Welche Entscheidungen müsstest du treffen? Was würdest du (anders) machen müssen? Falls dir nicht gleich eine Antwort einfällt, dann frag dein Herz. Bewege die Fragen für ein paar Tage in deinem Herzen. Schlaf einige Nächte darüber und lass die Antworten von selbst aufsteigen.

»Das Himmelreich will nicht nur ersehnt,
es will auch erworben werden.«
Peter Rosegger

Nichts als offene Weite

Pentho erwachte, als es noch dunkel war. Was für ein seltsamer Traum war es, aus dem er erwacht war! Er versuchte, sich zu erinnern. Es begann mit einem Irrgarten ...

Der Traum
Der Fürstensohn fand sich in einem Irrgarten wieder, der gleichzeitig eine uneinnehmbare Festung war. Zunächst fühlte er sich sicher und beschützt. Doch als er merkte, dass er gefangen in dieser schützenden Festung war, überkam ihn ein Gefühl der Beklemmung. Er wollte frei sein!

Als er die Mauern betrachtete, die ihn umgaben, sah er, dass sie aus schweren Eichentruhen bestanden, die mit Gold, Juwelen und wertvoller Kleidung gefüllt waren. Mühevoll zog er eine Truhe aus der Wand. Doch wohin damit? Jetzt sah er ein tiefes Loch, wie ein Brunnen, in der Mitte des Hofes, in dem er stand. Er überlegte kurz, dann warf er die Truhe hinein. Das Loch war so tief, dass er keinen Aufprall hörte. Nun die nächste Truhe, dann noch eine ... Doch die Truhen, die er aus der Wand riss, hinterließen kein Loch – Truhen von oben und von den Seiten füllten den Raum. Aber er machte immer weiter. Allmählich nahm die Höhe der Mauer ab, bis er schließlich über die letzte Reihe Truhen steigen konnte.

Die Freiheit war das allerdings nicht. Vor ihm erhob sich eine weitere Mauer. Diese Mauer war aus Büchern errichtet. Er zog ein Buch heraus. Doch das machte fast keinen Unterschied. Buch um Buch zog er aus der Mauer, aber sie schien sich nicht zu verändern. Da packte ihn die Wut. Er zog sein Feuerzeug aus der Tasche und hielt die Flamme an die Mauer. Er hatte gehofft, dass er sie zum Brennen bringen könnte – doch was geschah, übertraf seine Erwartungen. Kaum hatte das Feuer ein Buch berührt, gab es eine Stichflamme. Die ganze Mauer leuchtete kurz auf und zerfiel sogleich zu Asche.

Als sich der Staub gelegt hatte, sah sich der Fürstensohn einer dritten Mauer gegenüber. Diese Mauer bestand aus Uhren. Es waren kleine, ja, winzige Ührchen und gewaltige Uhrwerke mit schweren Pendeln. Diese Uhren würden nicht brennen; und er konnte sie auch nicht herausreißen. Doch dann sah er mit einem Mal, dass es ganz einfach war: Er stellte sich vor eine der größten Uhren, deren baumlanges Pendel hin und her schwang. Ein Schlag dieses Pendels wäre sicherlich tödlich. Doch wenn er genau hinsah und im richtigen Augenblick vorwärts schritt, konnte er ganz einfach, ohne jede Anstrengung, diese Mauer überwinden. Und genau das tat er.

Und eine vierte Mauer erhob sich vor ihm – ganz anders als die anderen. Diese Mauer war wie ein grauer Nebel. Er schritt auf sie zu, doch wie ein Schlag traf ihn eine Welle der Angst, die von diesem Nebel ausging. Und er begriff, dass diese Mauer aus Gespenstern bestand. Wie konnte er gegen diese übernatürlichen Geister angehen? Verzweifelt setzte er sich auf den Boden. Je genauer er hinhörte, desto klarer vernahm er die ebenfalls verzweifelten Stimmen der Geister. So saß er da, bis ihm die Verzweiflung beinah den Verstand raubte, und er begann erst zu kichern, dann laut zu lachen – vielleicht wurde er wahnsinnig? Doch als sein erstes Lachen ertönte, begann die Mauer zu beben und durchsichtiger zu werden. Erstaunt hielt er inne und die Mauer wurde wieder fester. Da lachte er aus vollem Herzen und schritt geradewegs auf die Mauer aus Gespenstern zu – und als er sie erreichte, war sie nur ein dünner Nebel, durch den er mutig hindurchschritt.

Als er diese Mauer durchschritten hatte, war er endlich frei. Vor ihm erstreckte sich eine endlose, wunderbare Weite – klare Seen, wogende Meere aus Gras, Wälder in der Ferne. Und das Herz des Fürstensohns wäre vor Freude fast zersprungen ... wäre er nicht in diesem Moment erwacht.

Als die Sonne aufging, machte sich Pentho auf den Weg zu seinem Freund Faris, dem Esel, um ihm von seinem merkwürdigen Traum zu erzählen. Faris hörte zu und nickte. »Ja, das war wirklich ein interessanter Traum! Er erinnert mich an eine Geschichte ...«

Ein stolzes Pferd lebte auf einem großen Gut. Es hatte eine Koppel mit saftigstem Gras und genug Platz, um zu laufen. Eine Quelle gab frisches Wasser. Der Hengst war zufrieden; nur dann und wann, wenn er über die Einzäunung hinaussah, sehnte er sich ein wenig nach der weiten Welt. Als der Herr des Guts eines Tages vergaß, das Gatter zu schließen, merkte es der Hengst erst gar nicht. Die Koppel war in seinem Kopf. Und doch geschah es schließlich, dass er erkannte, er konnte frei sein. Vorsichtig machte er einen Schritt, dann noch einen, und nun galoppierte er los. Doch schon nach einer Stunde überkam ihn die Angst, und er kehrte zurück in die Sicherheit seiner Gefangenschaft.

Der alte Lehrer kam aus seiner Hütte und setzte sich zu den beiden. »Ich habe gehört, was ihr gesprochen habt. Nun will ich euch zwei Dinge dazu sagen: Ist die Weite außen und die Enge innen, herrscht Stillstand. Ist die Enge außen und die Weite innen, herrscht Freiheit.«

»Offenheit, Weite und Freiheit entsprechen dem
Wesen des Geistes. Den Geist kultivieren bedeutet, ihn
in seinem ursprünglichen Zustand bewahren –
frisch und klar wie das Wasser eines Bergsees,
friedvoll und ruhig wie ein tiefes Tal,
grenzenlos wie die Weite des Himmels.«
Kurma – Die 7 Geheimnisse der Schildkröte

Die grenzenlose Weite des Himmels ist ein Bild, ein Symbol für die Freiheit unseres Geistes. Vielleicht hast du nicht gerade das Gefühl, frei wie der Himmel und leicht wie die Wolken zu sein. Das wäre jedenfalls kein Wunder: Die vielen Mauern, die wir uns selbst erschaffen, machen es schwierig, die wahre Natur unseres Geistes zu erkennen. Das heißt aber nicht, dass es unmöglich wäre. Die Kunst, deine inneren Mauern niederzureißen, kannst du selbst Tag für Tag üben – du musst die Mauern nur erkennen.

Die Mauern, die uns gefangen halten, sind keine äußeren, sondern innere. Um sie einzureißen, bedarf es keines Vorschlaghammers. Alles, was wir brauchen, ist die Bereitschaft, innezuhalten, still zu werden, nach innen zu schauen und unser Selbst zu erforschen.

Jahrelang im Gefängnis zu sitzen ist grausam und eine Verschwendung von Lebenszeit und menschlichem Potenzial. Doch auch in einem inneren Gefängnis leben zu müssen – und das meist jahre- oder gar jahrzehntelang – ist furchtbar. Die äußere Freiheit, die zahlreiche Menschen heute genießen, täuscht darüber hinweg, dass viele von uns innerlich unfrei sind. Wir merken dann gar nicht, dass wir in unseren eigenen negativen Gedanken und Gefühlen feststecken und darin endlos auf und ab schreiten wie ein Tiger in seinem Käfig.

Nicht unsere Probleme sind es, die uns nicht loslassen, sondern wir sind es, die unsere Probleme festhalten.

Ruhiges Verweilen im Augenblick

Der Fürstensohn grübelte. »Ist die Weite außen und die Enge innen, herrscht Stillstand«, hatte der Lehrer gesagt; und er dachte, er hätte verstanden. Er selbst war schuld an seinem Gefühl der Unzufriedenheit und der Gefangenschaft. Das trug aber nicht gerade dazu bei, dass er sich besser fühlte, eher im Gegenteil. Wenn er schuld war, war es ja alles noch schlimmer. Dem Sog des Alltags konnte er vielleicht entkommen – aber sich selbst? Wie sollten die Dinge sein? Wie sollte er sein?

Er grübelte über seine Vergangenheit, er grübelte über seine Zukunft. Doch das brachte ihn kein Stückchen weiter. Schließlich gab er erschöpft das Grübeln auf. In diesem Moment überkam ihn das Gefühl, dass sich der Augenblick unendlich weitete. Der jetzige Augenblick war voller Leben und Freude. Ganz versanken seine Sinne im Sehen, Hören, Spüren ... nur nicht im Denken.

Doch als er diesen Gedanken dachte, brach das Gefühl der Weite sofort wieder in sich zusammen, und der Sohn des Fürsten fand sich unzufrieden in seiner reich geschmückten Kammer wieder und steckte schon wieder im Grübeln fest.

Da raffte er sich auf und besuchte seinen Freund, den Esel, und erzählte ihm von seiner fruchtlosen Grübelei. »Ach, Faris, wo soll ich nur anfangen? Wenn der Meister spricht, hat man das Gefühl, es wäre eigentlich ganz leicht, seiner Unzufriedenheit zu entfliehen und seinem Leben Sinn zu verleihen. Aber dann sieht alles so schrecklich weit entfernt aus ... Ob ich wohl jemals an mein Ziel gelange?«

Faris nickte verständnisvoll. »Das Gefühl kenne ich! Als ich mich auf den Weg in euer Land machte ...« Und er begann zu erzählen.

Der Weg des Esels
Als ich mich auf den Weg in euer Land machte, wusste ich, dass ich das Gebirge durchqueren musste. Was für eine Angst ich hatte! Die schneebedeckten Gipfel in der Ferne ragten ja bis in den Himmel auf. Wie sollte ich diese gewaltigen Höhen überwinden? Ein Blick auf diese Gipfel, und ich fühlte mich wie gelähmt. Es schien so sinnlos. Mühselig schleppte ich mich voran, denn ich musste aus meiner Heimat fliehen; ich hatte einen hohen Beamten einen Esel genannt, der daraufhin doppelt beleidigt war, weil die Beleidigung von einem Esel kam. Es half also nichts. Ich musste über die Berge.

Je näher ich ihnen kam, desto höher und unüberwindlicher schienen sie mir. Ich war aber erst am Fuß des Gebirges, als ich über eine Brücke musste, die sich über eine Klamm spannte. Mir wurde schwindelig; ich glaubte, dass ich gleich fallen und stürzen würde. Wie sollte es erst werden, wenn ich wirklich weit oben in den Bergen war? Und doch überwand ich die Brücke. Ich verbannte jeden Gedanken an die Höhe, ich dachte nicht an die Bedrohung hinter mir, an die Tiefe unter mir und an die Höhe vor mir, sondern dachte nur an jeden einzelnen Schritt. Jeder Schritt war nur ein Schritt. Das war einfach. Und dann hatte ich viele einzelne Schritte gemacht und fand mich jenseits der Berge in eurem Land wieder.

Vielleicht ist das der Weg: nur jeweils einen Schritt zu gehen und im Augenblick zu verweilen ...«

Während Faris seine Geschichte erzählte, war in Penthos Gesicht eine Verwandlung geschehen. Sein trüber Blick klärte sich, seine Augen begannen zu leuchten, und ein Lächeln schlich sich auf seine Lippen.

Als der Esel seine Erzählung beendet hatte, umarmte ihn Pentho. »Vielen Dank, mein Lieber. Nun habe ich das Gefühl, dass ich es schaffen kann. Nur immer einen Schritt, immer im Augenblick sein!«

* * *

Ein bekanntes chinesisches Sprichwort besagt, dass auch eine Reise von tausend Meilen mit einem einzigen Schritt beginnt. Die »Immer-nur-ein-Schritt-Philosophie« gehört zu den wichtigsten Lehren auf dem spirituellen Weg. Erst frühstücken, dann die Schuhe anziehen, dann zum Bus gehen ... immer schön eins nach dem anderen.

Bei jedem Schritt konzentriert zu bleiben ist ein guter Anfang, doch es geht noch um viel mehr. Wir sollten erkennen, dass wir in jedem Schritt, in jeder noch so unbedeutenden Handlung, eigentlich bereits am Ziel sind. Zwischen Weg und Ziel gibt es keinen Unterschied.

Die Schwierigkeit liegt darin, sich in jedem Augenblick daran zu *erinnern*, dass wir bereits angekommen sind und dass es in Wirklichkeit kein »Danach« oder »Davor« gibt. Und indem wir uns bei jedem Schritt, den wir tun, entspannen und in uns ruhen, können wir jederzeit »den Himmel berühren« – egal, ob wir nun frühstücken, uns die Schuhe anziehen oder zum Bus gehen.

Einst wurde Zen-Meister Bokaju von einem Mönch gefragt: »Meister – Tag für Tag müssen wir uns ankleiden und essen.
Wie können wir von alldem frei werden?«
Bokaju erwiderte: »Wir kleiden uns an – wir essen.«
Der Mönch schaute verwundert drein und meinte:
»Das verstehe ich nicht.«
Darauf lächelte der Meister und antwortete: »Wenn du das nicht verstehst, dann kleide dich an und iss.«

In jedem Tun vollkommene Ruhe zu bewahren ist nicht leicht. Zwar gehört »Chillen« zur Lieblingsbeschäftigung einer ganzen Generation Heranwachsender, doch auf dem Sofa abzuhängen und Chips zu verzehren hat nichts mit dem »ruhigen Verweilen in der Natur des Geistes« gemein, von dem im Buddhismus die Rede ist. Im Gegensatz zu kurzfristiger Entspannung, wie sie beim Chillen angestrebt wird, ist jenes ruhige Verweilen Ausdruck innerer Harmonie, die auch dann nicht endet, wenn die Chipstüte leer ist.

»Die Unruh kommt von dir. Nichts ist,
das dich bewegt – du selber bist das Rad,
das aus sich selber läuft und keine Ruhe hat.«
Angelus Silesius

Ruhe im Körper kultivieren

Setz dich entspannt und aufrecht hin. Schließ die Augen, und lass deinen Atem zur Ruhe kommen, indem du ihn einfach kommen und gehen lässt, ohne ihn zu beeinflussen.
Leg deine Hände im Schoß ineinander, sodass die Hände eine Schale bilden und die Handflächen nach oben weisen. Oder du legst die Handflächen einfach auf den Oberschenkeln ab. Lenk deine Achtsamkeit jetzt in die Hände; achte auf alle Berührungsempfindungen. Lass deine Hände ruhen – halte sie absolut bewegungslos. Immer wenn du bemerkst, dass du gedanklich abschweifst, kehrst du geduldig wieder zum Gefühl der Ruhe in deinen Händen zurück.
Versuche dann, deine Hände mit jedem Atemzug noch mehr zu entspannen. Genieße die vollkommene Stille in den Händen. Lass zu, dass dieses Gefühl der Ruhe sich von deinen Händen ausgehend im ganzen Körper ausbreitet. Du kannst dir vorstellen, wie eine Welle der Ruhe von deinen Händen aus in deinen Bauch und von dort aus in den ganzen Körper weiterfließt.
Vertiefe die Ruhe, indem du deinen Atem zu Hilfe nimmst.
Denke einatmend: »Ich spüre Ruhe im ganzen Körper.«
Denke ausatmend: »Ich entspanne meinen Körper noch mehr und lasse vollkommen los.«

Flügel aus Licht

Pentho hatte Faris im Garten des alten Lehrers besucht. »Ich weiß um meine Schwäche«, sprach er. »Wenn ich nur wüsste, wie ich meine Schwäche überwinden könnte! Ja, ich weiß, Faris, du musst gar nicht so ironisch blicken: Ich sollte meine inneren Mauern überwinden – wie in meinem Traum – und einen Schritt nach dem anderen gehen: wie du, als du das Gebirge überquertest. Aber das ist ja alles nicht so leicht ...«

»Ja«, nickte Faris bedächtig. »Das ist hier die Frage. Ich weiß, ehrlich gesagt, auch nicht viel mehr als du.«

Da kam der alte Lehrer und setzte sich zu ihnen. »Heute möchte ich euch wieder eine kurze Geschichte von Himmel und Hölle erzählen.«

»Aber die kennen wir doch schon!«, riefen Pentho und Faris wie aus einem Mund beziehungsweise Maul.

Der Lehrer jedoch beachtete sie gar nicht und begann zu erzählen ...

Flügel aus Licht
Es war einmal, als die Menschen noch zwischen Himmel und Hölle lebten, ein oberschlaues Teufelchen. Nicht alles in der Hölle war grauselig – an manchen der Seelen hafteten noch Reste von Freude, Vertrauen oder gar Gelassenheit. Der kleine Teufel meinte, dass sich das nicht gehöre, zumindest nicht in seiner Abteilung der Hölle. Da dachte er sich, man könne aus diesen unnützen Dingen doch etwas Nützliches machen. Er sammelte freudige Gedanken, Gefühle des Vertrauens und auch die unangenehm unhöllischen Gelassenheitsrestchen und schmiedete im stärksten Höllenfeuer daraus ein gewaltiges Paar Hörner, in denen die Freude wie Schadenfreude schimmerte, das Vertrauen wie Federn aus Eselsohren wirkte und die glitschige

Gelassenheit wie eine feuchte Schicht Öl über dem Ganzen glänzte. Das Teufelchen war stolz auf sein Werk und setzte sich das Hörnerpaar auf – größer als der Höllenfürst würde er sein!

Doch kaum hatte er die Hörner aufgesetzt, schmolzen sie zu einem goldenen Strom, und seine eigenen Hörnchen schmolzen gleich mit, flossen auf seinen Rücken und bildeten dort atemberaubende Flügel aus Licht, die das Teufelchen in Windeseile in den Himmel trugen, wo es in Freude und Herrlichkeit ein Engelchen sein durfte.

* * *

Wir leben nicht ewig. Und da wir nicht einmal wissen, wie viel Zeit uns noch bleibt, sollten wir uns überlegen, worauf wir unsere Aufmerksamkeit lenken und wofür wir unsere Lebensenergie einsetzen wollen. Buddha betonte, wie wertvoll es ist, als Mensch geboren zu sein, und verdeutlichte das mit einer Metapher:

> Auf dem Grund des Meeres lebt eine blinde Schildkröte, die alle hundert Jahre einmal kurz an der Wasseroberfläche auftaucht. Irgendwo auf den Weiten der Weltmeere schwimmt ein goldener Ring. Die Wahrscheinlichkeit, als Mensch geboren zu werden, entspricht der Wahrscheinlichkeit, dass die Schildkröte mit ihrem Kopf genau in der Mitte dieses Rings auftaucht.

Das menschliche Leben ist eine goldene Gelegenheit. Denk einmal an die letzten Jahre, die letzten Wochen und Tage zurück …
Wie ist es gelaufen? Hast du viel Zeit verschwendet?
Könnte es sein, dass du die goldene Gelegenheit verpassen wirst, wenn du so weiterlebst wie bisher?
Wenn ja, dann triff jetzt eine Entscheidung – ändere die Richtung.

Vielleicht kennst du ja die Indianergeschichte von den zwei Wölfen. Hier eine Kurzfassung:

> Ein kleiner Indianerjunge sitzt mit seinem Großvater am Feuer und fragt ihn, warum Gefühle so unberechenbar sind – warum er sich manchmal über alles ärgert, während er zu anderen Zeiten voller Freude ist.
> Der Großvater antwortet: »Seit Anbeginn der Welt leben im Herzen eines jeden Menschen zwei Wölfe. Der eine ist weiß und strahlt wie die Mittagssonne, der andere ist schwarz wie die mondlose Nacht. Erbittert kämpfen beide miteinander. Der schwarze Wolf fletscht die Zähne, er droht und knurrt und beißt, er ist rachsüchtig, grausam und gierig. Der weiße Wolf aber ist klug, sanft und liebevoll. Er liebt die Menschen und ist gütig und weise.«
> Lange blickt der Indianerjunge in die Glut des erlöschenden Feuers. Schließlich fragt er leise: »Großvater – welcher der beiden Wölfe wird gewinnen?«
> »Der, den du fütterst.«

Welchen Wolf willst du in deinem Herzen füttern? Welche Kräfte willst du in dir nähren: Ängste, Sorgen und Wut – oder Ruhe, Gelassenheit und Mitgefühl?
Weder das Schicksal noch deine »Veranlagung« entscheiden darüber. Du selbst bist es, der die Zügel in der Hand hält. Du selbst bist es, der bestimmt, welchen Weg du einschlägst.

Wie lässt sich das Positive in uns stärken? Durch positives Denken können wir zwar viel bewirken, doch damit sich unser Lebensgefühl nachhaltig verändert, reicht es nicht, mit Kraftgedanken oder Affirmationen zu arbeiten. Damit aus Wörtern wie »Ruhe«, »Gelassenheit«, »Freude« oder »Heiterkeit« auch wirklich spürbare Gefühlszustände werden, müssen wir unser Herz mit auf die Reise nehmen.

Positive Gefühle pflegen

Entwickle eine feinere Wahrnehmung für gute Gefühle.
Spüre positiven Gefühlen in dir nach. Erinnere dich an Augenblicke, in denen du voller Freude warst oder tiefes Mitgefühl mit jemandem empfunden hast. Welche Bilder aus der Vergangenheit tauchen in dir auf? Kannst du nachempfinden,
was du damals empfunden hast?
Eine weitere Möglichkeit, positive Regungen in deinem Herzen zu nähren, besteht darin, ein »Gefühlstagebuch« zu führen, in dem du die schönen Empfindungen des vergangenen Tages von »angenehm« bis »begeistert« notierst. Frag dich: Was hat mich heute glücklich gemacht? Worüber habe ich mich gefreut? Was war heute besonders schön – wofür bin ich dankbar?
Auf diese Weise kannst du Kontakt zum weißen Wolf in dir aufnehmen. Und indem du mehr und mehr auf positive Gefühle achtest, werden diese mit der Zeit wachsen und stärker werden.

Der Himmel in dir

*»Der rechte Himmel ist allenthalben
auch an dem Orte, wo du stehest und gehest.«*
Jakob Böhme

Der geistige Himmel repräsentiert unser großes Selbst, das die Quelle und zugleich auch das Geheimnis unseres Lebens ist. Während in unserem »kleinen Selbst« oft ein riesiges Ego mit unendlich vielen Wünschen, Abneigungen, Wertungen und Anhaftungen steckt, ist unser »großes Selbst« völlig frei von Ichsucht. Müssten wir uns für nur eine einzige Lebensaufgabe entscheiden, dann wäre es nicht dumm, alles daranzusetzen, unser wahres Selbst zu erkennen – das Licht des Himmels in uns zu entdecken und es in die Welt strahlen zu lassen. Alles andere würde sich dann ganz von selbst ergeben.

Manchmal verbringen wir viele Jahre im Dunkeln.
Auf der Suche nach Glück verstricken wir uns
immer tiefer in Ersatzbefriedigungen.
Dann wird es Zeit, die Vorhänge aufzuziehen und das Licht
der Sonne ins Zimmer zu lassen. Dann wird es Zeit, sich vom
äußeren Schein abzuwenden und nach innen zu schauen.

Der Fürstensohn besuchte am nächsten Morgen wieder seinen Freund Faris, den Esel. Faris begrüßte ihn und sprach: »Der Meister wartet schon auf dich!«

In der Tat – es war nun schon eine Woche vorüber. Und nach einer Woche, hatte der alte Lehrer gesagt, solle er ihn wieder besuchen und berichten, was er in dieser Woche gelernt hatte. War das eine Prüfung? Pentho, der Fürstensohn, war aufgeregt. Hatte er genug gelernt? Er kam sich wie ein kleiner Schuljunge vor, der seine Hausaufgaben nicht gemacht hat und nun vom Lehrer aufgerufen wird. Und wirklich fragte ihn der Lehrer: »Nun, mein Lieber, was hast du von meinem Eselchen gelernt?«

Pentho wurde rot und begann, etwas zu stammeln, doch der alte Lehrer hob sofort die Hand und brachte ihn zum Schweigen. »Und du, Faris: Hast du in der vergangenen Woche etwas gelernt?«

Der Esel nickte nur.

»Gut«, sagte der Lehrer. »Wisst ihr, was ihr nun tun müsst?«

Der Esel und der Fürstensohn blickten einander an. Keiner wagte es zu antworten.

Der alte Lehrer lachte. »Nun, ihr müsst eine Reise antreten.«

Wiederum sahen sich Faris und Pentho fragend an.

Der alte Lehrer beobachtete sie schmunzelnd und sprach: »Ihr werdet zum Berg des Verborgenen Lichtes wandern, auf dessen Gipfel der Tempel der Ewigen Freude steht. Aus diesem Tempel werdet ihr mir den Sternenschlüssel bringen.«

Die beiden Schüler brachten immer noch kein Wort heraus.

Der alte Lehrer nickte. »In drei Tagen werdet ihr abreisen.«

Die Schüler sahen ihn erschrocken an.

»Doch nun werde ich euch eine Geschichte erzählen. Hört gut zu, sie ist wichtig! Und der Abt des Tempels der Ewigen Freude spielt darin eine Rolle ...«

Himmel und Hölle

Ein alter Soldat, der als großer Held galt, bedachte sein Leben und bekam Angst vor dem Sterben. Nun, eigentlich nicht vor dem Sterben, sondern was ihn danach erwarten würde. Er hatte so viele Menschen getötet – würde er nun in die Hölle kommen? Gab es so etwas wie Himmel und Hölle überhaupt? Er beschloss, den weisesten Menschen zu fragen, von dem er gehört hatte, den Abt des Tempels der Ewigen Freude. Nach langer Reise und vielen Abenteuern stand er schließlich vor dem Abt.

»Ehrwürdiger Abt, ich habe nur eine Frage: Gibt es Himmel und Hölle?«

Der Abt sah ihn nicht einmal an und schwieg.

Der alte Soldat wiederholte seine Frage. Doch er bekam keine Antwort. Allmählich wurde er ärgerlich. »Abt!«, schrie er. »Seid doch so höflich, mir eine Antwort zu geben!«

Da sah ihn der Abt an und sprach: »Geh mir aus den Augen. Belästige mich nicht mit deinen lächerlichen Fragen.«

Der Soldat musste sich sehr beherrschen. »Seid doch nicht so unfreundlich. Ich bin von weither gekommen und habe nur eine einzige Frage gestellt. Wenn Ihr keine Antwort wisst, sagt es mir einfach.«

Der Abt brach in schallendes Gelächter aus. »Verschwinde, Unwürdiger. Dein Atem verschmutzt die reine Luft, deine stinkende Anwesenheit ist mir zuwider. Kriech zurück in das Loch, aus dem du gekommen bist!«

Da wurde der alte Soldat so zornig, dass er blitzschnell sein Schwert aus der Scheide zog, um den Abt zu töten. Ebenso schnell hatte jedoch der Abt seine Hand gehoben. »Das, mein Lieber, ist die Hölle!«

Der alte Soldat stand wie versteinert da. Dann lachte und weinte er gleichzeitig, denn er hatte das innere Licht gesehen und warf sich dem Abt zu Füßen. »Lasst mich euer Schüler sein«, bat er.

Und wieder hob der Abt die Hand. Er legte sie dem alten Soldaten auf den Kopf und sprach: »Und das, mein Lieber, das ist der Himmel.«

Theologen meinen, dass es unmöglich sei, Aussagen über den Himmel zu treffen. In der Bibel finden sich nur Andeutungen in Form vager Bilder, und so wissen wir nicht, was uns nach unserem Tode im Himmel erwartet, sofern wir überhaupt das Glück haben, da hineinzukommen. In die Zukunft kann niemand sehen. In die Gegenwart jedoch durchaus. Mystikerinnen und Mystiker wissen, dass »der Himmel« oder »die Wirklichkeit Gottes« sich nicht von der Erfahrung des ewigen Jetzt unterscheidet – und sie betonen, dass wir keine theologischen Analysen oder logischen Erklärungen brauchen, um dieses ewige Jetzt zu erfahren.

Suchst du das Glück und den Frieden des Himmels in dir? Dann zieh dich in die Stille zurück. Auch wenn die äußere Welt oft laut ist, kannst du dich für die innere Stille und das innere Licht empfänglich machen – du musst nur den »richtigen Sender« einstellen ...

»*Im Schweigen vermag der Mensch am besten,*
seine Reinheit zu bewahren.«
Meister Eckhart

Die Ausrichtung nach oben

Als der alte Lehrer seine Erzählung »Himmel und Hölle« beendet hatte, standen Faris und Pentho eine ganze Weile schweigend da – in ihren Gedanken und Gefühlen aber rumorte es. Der Lehrer lächelte: »Nun, habt ihr verstanden?«

Beide murmelten ein »Hm, ja, vielleicht« vor sich hin, doch auch ein weniger kluger Mensch, als es der alte Lehrer war, hätte gesehen, dass sie in Wahrheit herzlich wenig begriffen hatten. Der alte Lehrer seufzte: »Also gut, dann erzähle ich euch noch eine Geschichte: die Geschichte vom Zweifler …«

Der Zweifler
Der Himmel, meinte der Zweifler, sei doch nur Luft und Leere, ein wenig glühende Gase und etwas Staub. Das Glück fände man nur hier, auf der Erde. Den Himmel könne man vergessen. Und so vergaß er ihn, richtete seinen Blick nie nach oben. Da sah er, dass er mit beiden Beinen fest auf der Erde stand, und er war froh. Es war doch besser, auf das zu sehen, was wirklich da und hier ist. Er blickte auf seine eigenen Füße, auf die Knie, auf seinen Bauch und seinen Bauchnabel. Immer mehr beugte er sich, um seinen Bauchnabel zu betrachten, er kroch mit dem Kopf voran in sich hinein, immer weiter, bis er schließlich verschwand, ohne je das Glück gefunden zu haben.

Esel und Fürstensohn sahen den alten Lehrer mit großen Augen an.
»Geht das wirklich«, fragte Pentho schließlich zögernd. »Ich meine das mit dem In-den-eigenen-Bauchnabel-…«
»Du Esel!«, rief der Esel. »Natürlich nicht. Der Meister wollte uns damit etwas Wichtiges sagen. Das war eine Metapher!«

»Ja, das weiß ich auch«, sagte der Fürstensohn beschämt. »Aber für was?«

»Das ist doch nicht so schwer. Wer immer nur auf sich selbst blickt, ist verloren.« Der Esel sah den alten Lehrer erwartungsvoll an. Der lächelte. »Vielleicht wäre die Geschichte doch ganz anders ausgegangen: Er richtete seinen Blick nie nach oben. Bei einem Spaziergang lief er gegen einen Baum und brach sich das Genick.«

Faris und Pentho lachten. Es klang allerdings etwas verwirrt. Der Lehrer lächelte wieder sein geheimnisvolles Lächeln und hob die Hand. »Wartet. Ich möchte euch gleich noch eine Geschichte erzählen, die Geschichte vom Heiligen, der es ganz anders machte als der Zweifler ...«

Der Heilige

Die Erde, meinte der Heilige, sei unrein und nur der vergängliche Staub unter seinen Füßen. Weit besser sei es doch, seine Augen und seinen Geist auf den Himmel zu richten – dort seien das Wesentliche und das wahre Glück zu finden. Er richtete seinen Blick nach oben, reckte seinen Hals und stand auf Zehenspitzen, um dem Himmel noch ein klein wenig näher zu kommen. Er streckte sich dem Firmament entgegen, immer weiter und weiter, wurde immer länger und dabei immer schmaler, bis er schließlich so dünn gestreckt war, dass er verschwand, ohne das Glück je gefunden zu haben.

Esel und Jüngling sahen sich wieder etwas verwirrt an. Der alte Lehrer lachte. »Auch diese Geschichte ist in Wahrheit natürlich ganz anders ausgegangen. Der Heilige blickte nur noch in den Himmel und bekam gewaltige Nackenschmerzen. Doch stur blickte er nach oben und stürzte schließlich in einen Brunnen und brach sich das Genick.«

»Das ist wohl auch wieder so eine Metapher, nehme ich an«, sagte Pentho.

Faris sah ihn spöttisch an. »Du bist ja ganz schön schlau, mein Lieber!«

»Und sie bedeutet, dass wir hinsehen sollten, wohin wir gehen«, fuhr Pentho unbeirrt fort und sah den alten Lehrer an.

Der schmunzelte und sprach: »Ihr habt mehr als ein Paar Augen. Ist der Himmel wirklich oben? Ist er in euch? Ist er überall, wenn ihr nur die richtigen Augen öffnet? Was ich euch sagen will, ist: Vergesst den Himmel nicht!« Er erhob sich und begann, sich einen Tee zu machen. »Denkt darüber nach.«

Sie merkten, dass sie für heute entlassen waren, und gingen in Gedanken versunken nach Hause: der Esel in seinen Garten und der Fürstensohn in seinen Palast.

Der Himmel wird in vielen Religionen als die Heimat Gottes oder der Götter verehrt. Im Weltbild der alten Chinesen symbolisiert der Himmel die Schicksalsmacht, die alle irdischen Geschicke lenkt – von »oben« kommen Licht und Leben. Christen setzen den Himmel mit dem Reich Gottes gleich, und der »himmlische Vater« ist das Thema vieler Predigten Jesu.

Sich nach der Freiheit des Himmels zu sehnen ist der erste große Schritt in die geistige Freiheit. Doch das reicht leider nicht – die Ausrichtung nach oben erfordert mehr Energie als bloße Sehnsucht. Sich zu sehnen ist passiv, während es einer bewussten Entscheidung bedarf, seinen Gedanken und Gefühlen eine klare Richtung zu geben.

> »Der Himmel ist in dir und auch der Hölle Qual –
> was du erkiest und willst, das hast du überall.«
> Angelus Silesius

Eine Definition der Hölle lautet: »Die vollständige Identifikation mit deinem weltlichen Ich und zugleich die größtmögliche Ferne zum Göttlichen.«
Eine Definition des Himmels ist: »Die vollkommene Identifikation mit deinem Wesen und zugleich die größtmögliche Nähe zu Gott.«
Himmel oder Hölle – was wählst du?

In den alten Schöpfungsmythen östlicher Kulturen bilden Himmel und Erde noch eine Einheit. Erst im Schöpfungsprozess trennen sich die Pole – und so entstehen Himmel und Erde, Mann und Frau und schließlich »die zehntausend Dinge«, wie die Daoisten sagen.

»Himmel und Erde« haben jedoch nichts mit »Himmel und Hölle« zu tun. Himmel und Erde ergänzen sich – nicht nur der Himmel ist heilig, sondern ebenso die Erde. Nur wenn wir uns beider Pole bewusst sind, können wir Bewohner beider Welten sein und ein sinnvolles Leben führen.

»Du trägst in dir den Himmel und die Erde«, schrieb die Benediktinerin und Mystikerin Hildegard von Bingen. Mit beiden Beinen auf der Erde zu stehen und den Himmel über sich zu wissen ist die Grundlage für ein sinnvolles Leben. Doch die Erde ist sehr viel mehr als nur der Boden unter unseren Füßen. Ebenso ist der Himmel sehr viel mehr als die bloße Luft über unseren Köpfen ...

Himmel und Erde ergründen

Mach es dir bequem und stell dir die folgenden Fragen. Dabei geht es nicht um Philosophie – spüre einfach nur in dich hinein, und lausche den Antworten, die vielleicht auftauchen.
Was ist das Geheimnis der Erde?
Welche Kräfte repräsentiert sie, was ist ihr Geschenk an dich? Worauf kannst du vertrauen, wenn du dich von der Erde tragen und nähren lässt?
Was ist das Geheimnis des Himmels?
Welche geistigen Eigenschaften repräsentiert er, was ist sein Geschenk an dich? Worauf kannst du dich verlassen, wenn du deinen Blick »nach oben« richtest und Kontakt zu ihm aufnimmst?
Welche Möglichkeiten gibt es, sich mitten im Alltag sowohl der Erde als auch des Himmels in uns selbst bewusst zu werden?

»Ruhig und klar ist der Himmel;
beständig und friedvoll ist die Erde.
Wer diese Eigenschaften verspielt,
wird zugrunde gehen;
wer sich diese Eigenschaften zu eigen macht,
wird leben.«
Aus dem Huainanzi

Vom Erledigen zum Sein

Es gab viel zu tun für den Fürstensohn. An was musste er alles denken! Was brauchte er für die Reise? Wie sagte er es seinem strengen Vater, dem Fürsten, wie seiner geliebten Mutter, der Fürstin? Was würde wohl der Hoflehrer dazu sagen? Wie erklärte er seinen Kameraden diese seltsame Reise mit einem Esel, um einem greisen Lehrer, der im Wald hauste, einen geheimnisvollen Schlüssel aus einem sagenhaften Tempel auf einem weit entfernten Berg zu holen? Er begann, zu zweifeln und zu verzweifeln. »Es ist doch zum Verzagen!«, schrie er, nachdem er einen halben Tag nur gegrübelt, Listen geschrieben und Pläne geschmiedet hatte, aber keinen Schritt weitergekommen war. Er hielt es nicht mehr in seiner Kammer aus und rannte in den Wald zur Hütte des alten Lehrers, um Faris sein Leid zu klagen.

Der nickte verständnisvoll. »Ja, immer gibt es so viel zu tun. Auch wenn eigentlich gar nichts ansteht, habe ich das Gefühl, ich müsste noch so vieles erledigen.«

Der alte Lehrer trat lächelnd zu ihnen. »Es ist nur ein kleiner Schritt vom Erledigen zum Sein.« Faris und Pentho sahen sich ratlos an, da begann der alte Lehrer zu erzählen ...

Die ungleichen Zwillinge
Nicht weit von hier wurden einem braven Handwerksmeister zwei Söhne am selben Tag geboren. Arman und Benim. Sie glichen äußerlich einander wie ein Hühnchen dem anderen, doch sie waren recht verschieden im Gemüt. Arman war gewissenhaft und pflichtbewusst; er erledigte alles ganz genau, führte schon als kleiner Junge Buch über alles, was zu tun sei. Sein Bruder Benim hingegen war ein guter Junge, doch er lebte einfach in den Tag hinein. Gab es etwas zu tun, tat er

es und widmete sich dann wieder seinen Spielen. Als die Knaben älter wurden, begann sich Arman zu ärgern. Er war so ordentlich und gewissenhaft – doch seinem Bruder, der in seinen Augen viel zu sorglos war, gelang alles ebenso gut, mitunter sogar besser. Er liebte seinen Bruder; doch er ärgerte sich über dessen unverdientes Glück. Er schlug ihm immer wieder vor, ordentlicher zu sein und Buch zu führen wie er selbst. Benim bedankte sich stets für die Ratschläge, war aber dennoch ratlos: Was sollte er damit? Ging nicht ohnehin alles seinen Gang?

Es vergingen die Jahre, und die Brüder wurden alt genug, um sich eine Braut zu suchen. Eine für jeden der Brüder, versteht sich.

Arman machte sich sogleich daran, eine lange Liste zu schreiben, wie die Braut beschaffen sein müsste: Schön sollte sie natürlich sein, klug, aber nicht besserwisserisch, gesund und freundlich. Und eine weitere, wie er eine solche Braut finden und um sie werben sollte. Und schließlich auch noch eine – allerdings viel kürzere – Liste, was er zu bieten hätte.

Benim hingegen ging auf alle Dorffeste, scherzte und lachte mit den Mädchen, und bald waren viele in ihn verliebt. Er nahm nicht die Schönste, sondern die Zweitschönste, denn die Schönste sollte sein Bruder gewinnen. Die Zweitschönste aber war die, die am meisten lachte und das mitfühlendste Herz hatte.

Als Benim seine Braut heimführte, wurde Arman ernstlich unglücklich. Zwar freute er sich für seinen Bruder – doch was war mit ihm, der doch viel gewissenhafter war? War er verflucht?

Er suchte schließlich die alte, weise Kräuterfrau auf, von der es hieß, sie sei eine gute Hexe und verstünde sich besonders auf Liebestränke. Als er der Alten seine Nöte vortrug, kicherte sie ein wenig, was Arman etwas beunruhigte, doch sie nahm sein Gold und gab ihm einen kleinen Krug mit einem Zaubertrank. Der aber, so mahnte sie eindringlich, würde nur wirken, wenn er seine Listen und Pläne verbrannte und etwas von der Asche dem Trank zufügte.

Das kam Arman schwer an. Doch was sollte er tun? Seufzend verbrannte er seine ordentlichen Aufzeichnungen, fügte etwas von der Asche hinzu und trank widerstrebend den ganzen Krug – der Zaubertrank schmeckte nicht bitter, sondern angenehm, nach Himbeeren und Minze.

Und tatsächlich ward der Fluch von ihm genommen. Er lachte nun immer häufiger, war glücklicher und sorgloser – und erledigte dennoch alles gewissenhaft wie zuvor. Am besten aber war, dass auch er alsbald eine Braut fand: die Schönste im Dorf. Es war eine gute Wahl, und sie lebten glücklich und zufrieden miteinander und hatten gesunde, fröhliche Kinder.

Nachdem Arman es zu großem Wohlstand gebracht hatte, entsann er sich der weisen Kräuterhexe, der er alles zu verdanken hatte. Er besuchte die steinalte Frau und brachte großzügige Geschenke mit. Sie freute sich sehr über die Geschenke und noch mehr über Armans Glück von.

»Ihr habt den Fluch von mir genommen, und dafür bin ich Euch unendlich dankbar. Aber wisst Ihr auch, wer mich verflucht hat? Das würde ich doch zu gern wissen!«, sagte Arman.

Daraufhin brach die Alte in lautes Lachen aus, und schließlich, als sie sich die Tränen aus den Augen gewischt hatte, antwortete sie: »Ich weiß nichts von einem Fluch – der Trank war nur Himbeersaft mit Minze. Doch als du aufhörtest, die Dinge zu erledigen, konntest du endlich du selbst sein!«

Das Leben ist zu groß, als dass wir es »in den Griff kriegen« könnten. Es ist nicht dazu da, erledigt zu werden, und lässt sich auch nicht kontrollieren – »Himmel sei Dank«, möchte man hinzufügen. Dafür können wir viele andere und sehr viel schönere Dinge mit dem Leben »machen« – es genießen, spielen, Erfahrungen sammeln und mit der Zeit lernen, immer mehr wir selbst zu sein ...

Ohne dass wir es bemerken, verbringen wir einen großen Teil unserer Zeit im Erledigungsmodus: Wir schreiben lange Listen, planen die Zukunft, versuchen, optimal zu funktionieren, und lassen es zu, dass unsere vorauseilenden Gedanken uns daran hindern, einmal innezuhalten und uns im Jetzt zu entspannen. Solange wir uns von all unseren Erledigungen durch den Tag treiben lassen, halten wir uns lediglich gerade so über Wasser. Erst wenn wir damit beginnen, unsere Zeit bewusst zu gestalten, statt uns von ihr beherrschen zu lassen, können Gelassenheit und Ruhe einkehren.

»Bewahre die Ruhe.
In hundert Jahren ist alles vorbei.«
Ralph Waldo Emerson

Warum nur werden wir das Gefühl nicht los, dass es furchtbar viel zu tun und zu erreichen gibt? Aus dem einfachen Grund, weil unser Denken uns eine dumme Falle stellt. Wir denken:

- *Wenn* ich erst ein Haus gebaut habe – *dann* werde ich mich geborgen fühlen.
- *Wenn* die Kinder erst aus dem Haus sind – *dann* fange ich an, mein eigenes Leben zu leben.
- *Wenn* ich noch ein paar Wochen Diät halte – *dann* werde ich mich rundum wohlfühlen.
- *Wenn* ich noch dieses eine Buch lese – *dann* werde ich meinen Weg erkennen.

Das alles klingt plausibel, aber es stimmt trotzdem nicht. Was hindert dich daran, dich jetzt schon geborgen zu fühlen, jetzt schon dein eigenes Leben zu führen, dich jetzt schon rundum wohlzufühlen oder jetzt schon deinen Weg zu erkennen?

Während wir in die »Wenn-dann-Falle« tappen und unser Glück in die Zukunft auslagern, übersehen wir es vor unserer Nase.

Falls es dir so geht wie den meisten Menschen und du noch nicht immun gegen Stress und Hektik bist und auch noch nicht von dir behaupten kannst, vollkommen in dir selbst zu ruhen, gibt es Abhilfe: Es ist der einfache Satz »*Weniger ist mehr*«.
Lauf nicht immer schneller, geh langsamer. Versuche nicht, mehr und mehr zu schaffen, versuche, weniger zu erledigen.
Solange du gehetzt bist, wirst du keine Ruhe finden – und dann hast du auch keine Zeit, den Blick einmal von deinen täglichen Pflichten zu lösen und nach oben in den Himmel zu schauen.

Ist das, was ich tue, notwendig?
Ist das, was ich tue, nur nützlich, oder ist es auch sinnvoll?
Ist das, was ich tue, förderlich für mein Glück und das Glück anderer Wesen?

To-do-Listen entschlacken

Manchmal sind To-do-Listen unerlässlich, doch dann sollten wir wenigstens dafür sorgen, dass sie sich nicht ins Unendliche ziehen. Hier einige »Kürzungsvorschläge«:

- *Lass los, was dich belastet.* Überlege, was denn schon Schlimmes passieren würde, wenn du ein paar Punkte auf der Liste einfach nicht erledigst. Denk immer daran: Du »musst« gar nichts. Alles, was du tust, ist deine Entscheidung.
- *Versuch nicht, es perfekt zu machen.* Das Leben ist ohnehin nicht perfekt: Tu, was zu tun ist, und tu es, so gut du eben kannst – und Schluss! »So gut du kannst« ist gut genug.
- *Bewahre die Ruhe.* Versuch bloß nicht, alles auf einmal zu schaffen. Bring Körper und Geist zusammen – sammle dich im Tun, und bleib heiter, indem du dich nicht in die Dinge oder die möglichen Folgen hineinsteigerst.
- *Übe dich im Delegieren.* Frag dich: »Muss *ich* das wirklich machen? Oder kann das auch jemand anders?« Sag öfter mal Nein. Oder gib stattdessen einige Aufgaben an das Leben ab: Vieles erledigt sich nämlich von ganz allein, wenn du den Dingen ihren Lauf lässt und dich nicht einmischst.
- *Setz Prioritäten.* Überleg dir, welche Punkte auf der Liste wirklich wichtig für dich sind. Was gibt es zu erledigen? Warum tust du, was du tust? Welchen deiner Werte kannst du damit zum Ausdruck bringen? Oder anders gesagt: Warum tust du es *wirklich*?

Jenseits des Zwangs, ständig etwas erledigen und organisieren zu müssen, liegt unsere Freiheit, einfach *da sein* zu dürfen. Unser »Dasein« öffnet uns den Weg in die Dimension des geistigen Himmels – in die Ewigkeit, die jenseits von Zeit und Raum und auch jenseits all unserer weltlichen Probleme existiert.

Die Ewigkeit ist weder abstrakt noch unerreichbar. Sie ist einfach nur die Fülle des jetzigen Augenblicks, in dem Vergangenheit und Zukunft zusammenfließen. Um diese Einheit von »damals« und »später«, von Zeit und Raum erfahren zu können, musst du kein Mystiker sein und einer Religion angehören. Jeder Mensch hat die Fähigkeit zu erkennen, dass es jenseits des Labyrinths, in dem wir feststecken, noch eine sehr viel größere, freiere Welt gibt. Diese Welt erfährst du nicht durch Nachdenken, sondern nur durch Meditation, Kontemplation und ein tiefes Eintauchen in das Jetzt.

»Ich selbst bin Ewigkeit, wenn ich die Zeit verlasse
und mich in Gott und Gott in mich zusammen fasse.«
Angelus Silesius

Der Weg:
Innehalten und loslassen

Am nächsten Morgen fand sich Pentho wieder beim alten Lehrer ein; sein Freund Faris war natürlich schon da. Pentho sprach: »Ich habe lang über die Geschichte nachgedacht, die du uns gestern erzählt hast, Meister. Aber wie mache ich das? Ich will gern sein, anstatt die Dinge nur zu erledigen – doch die Dinge drängen sich auf ... Ich will nicht grübeln, doch das Grübeln kommt einfach zu mir.«

»Genau so geht's mir auch«, warf Faris ein.

Der alte Lehrer erhob sich und füllte eine kleine Kanne mit Wein und gab sie dem Fürstensohn in die Hand. »Halt die Kanne gut an den Henkeln fest und dreh dich im Kreis.«

Pentho wunderte sich zwar, aber er begann, sich zu drehen und die Kanne im Kreis zu schleudern.

»Nun lass los!«, befahl der alte Lehrer. »Aber verschütte bloß keinen Tropfen des guten Weines!«

Pentho drehte sich weiter und keuchte. »Aber das geht doch nicht, Meister. Wenn ich jetzt loslasse, fliegt die Kanne davon und zerbricht; und bestimmt wird der Wein dabei verschüttet!«

»Dann bleib stehen!«, rief der alte Lehrer. Und Pentho stand still.

»Nun lass los«, sagte der alte Lehrer. »Kannst du es nun, ohne die Kanne zu zerbrechen und den Wein zu verschütten?«

Pentho stellte die Kanne vorsichtig ab. Das war nicht schwierig.

»Jetzt dreh dich weiter!«, sagte der alte Lehrer, und Pentho drehte sich noch ein paarmal, bis der Lehrer rief: »Genug! Setz dich hin, und denk nach. Und du, Faris, grins nicht, sondern denk ebenfalls nach. Was wollte ich euch wohl zeigen?«

»Der Wein wird durch das Herumschleudern besser?«, sagte Faris halblaut.

Der alte Lehrer verdrehte die Augen und schüttelte den Kopf.

Pentho nahm die Frage ernster. »Wenn ich um mich selbst kreise, geht leicht etwas kaputt?«

»Wann verschüttest du den Wein? Wann geht die Kanne entzwei?«

»Wenn ich loslasse?«, sagte Pentho vorsichtig.

»Nun, aber du hast doch losgelassen!«, rief Faris.

Der alte Lehrer lächelte. »Richtig, Faris. Er hat losgelassen.«

»Ja!«, rief Pentho. »Als ich mich nicht mehr gedreht habe. Aber Ihr habt mir doch befohlen, mich zu drehen!«

»Freilich«, seufzte der alte Lehrer. »Dass du dich drehst: Das ist deine Bewegung in der Welt. Und ...«

»Ich weiß es!«, rief Faris aufgeregt. »Um etwas loszulassen, ist es wichtig, erst einmal anzuhalten!«

Der alte Lehrer nickte. »Das Leben ist Bewegung. Doch willst du etwas loslassen, ohne Schaden anzurichten, solltest du zuvor kurz innehalten.«

Pentho blickte beschämt zu Boden. »Da hätte ich auch draufkommen können. Aber das ganze Drehen hat mich verwirrt.«

Nun lachte der alte Lehrer. »Ja, meine Lieben, auch das ist richtig: Das ganze geschäftige Drehen verwirrt den Geist ...«

»Gib jedem Tag eine Stunde für dich.
Die sich niemals besinnen, verlieren sich.«
Unbekannt

»Die schönen Dinge siehst du nur, wenn du langsam gehst« – das ist nicht nur eine alte buddhistische Weisheit, sondern auch der Titel eines empfehlenswerten Buches des koreanischen Mönchs Haemin Sunim. Gerade in unserer rastlosen Zeit ist es wichtiger denn je, ab und an innezuhalten.

Vielleicht kennst du auch das Gefühl, ständig unterwegs zu sein und doch niemals wirklich zu Hause anzukommen. Wie ein Schnellzug, der nie sein Ziel erreicht, rasen wir durchs Leben und landen doch nie dort, wo wir Zufriedenheit und Freude finden könnten – bei uns selbst.

Du kannst nur dann gut für dich sorgen, wenn du spürst,
was du wirklich brauchst.
Doch um das spüren zu können, musst du zwischendurch einmal
stehen bleiben und still werden.

Innehalten für Anfänger

Liebe erfordert Zeit, Achtsamkeit erfordert Zeit,
Genießen erfordert Zeit ...
Solange wir durch den Alltag hetzen und – was noch schlimmer ist – ständig gedanklich um uns selbst kreisen, solange wir uns in Problemen und Grübelei verlieren, so lange werden wir keine Zeit für das Wesentliche finden. Dann sind wir im wahrsten Sinne des Wortes »besinnungs-los«.
Zwei Schritte helfen dir dann dabei, wieder »zu dir zu kommen« und dein Leben zurückzugewinnen.

1. *Entschleunigung:* Nimm das Tempo raus.

2. *Innehalten:* Bleib stehen, schau dich um, schau nach innen.

Stell dir vor: Während du fernsiehst, kommt ein Freund, dein Partner oder Kind ins Zimmer und möchte dir etwas erzählen. Was machst du? Wir wissen natürlich nicht, wie du reagierst, aber eine gute Idee wäre es jedenfalls, den Fernseher (oder wenigstens den Ton) auszuschalten und dich deinem Besuch zuzuwenden.

Innehalten, zuwenden, zuhören: Das sind drei einfache Schritte, doch sie sind unerlässlich, um den anderen verstehen und dich mit ihm verbunden fühlen zu können. Aber auch wenn wir uns »nur« mit uns selbst verbinden wollen, müssen wir diese drei Schritte beachten:

1. Wir halten inne, indem wir zum Beispiel unser Smartphone ausschalten, uns kurz aufs Sofa oder eine Parkbank setzen oder einfach stehen bleiben.
2. Wir wenden uns uns selbst zu, lenken die Achtsamkeit darauf, wie wir uns fühlen, wie es uns geht.
3. Wir hören uns zu, indem wir eine Weile achtsam in uns hineinlauschen.

Oft genügen schon wenige Momente, um auf diese Weise zur Ruhe zu kommen und unsere innere Stimme wieder hören zu können.

Wenn dein Geist ständig in Bewegung ist, kostet dich das viel Energie. Um deine Kräfte zu sammeln, musst du jedoch nicht ins Kloster eintreten. Du kannst einfach alles so lassen, wie es ist, solange du nur ab und zu innehältst.

»Innehalten« klingt vielleicht ein bisschen altmodisch, aber im Grunde heißt es nur, zwischendurch mal eine kurze Pause einzulegen. Solch eine Besinnungspause kannst du zum Beispiel nutzen,

- um an einer Blume zu schnuppern,
- um die Hände auf deinen Bauch zu legen und die Wärme dort zu spüren,
- um achtsam eine Tasse Tee zu trinken,
- um dem Zwitschern der Vögel im Park zu lauschen oder
- um einmal eine Zeit lang in den Himmel zu schauen ...

Die Stopp-Meditation

Die folgende kleine Übung kannst du jederzeit in deinen Alltag einschieben, um innezuhalten und dich selbst wieder besser zu spüren. Sie dauert gerade mal eine Minute – kürzer als das Zähneputzen –, und sie ist umso wirkungsvoller, je öfter du sie anwendest. Wir empfehlen dir, sie einmal täglich auszuführen. Bei Unruhe, Stress oder Überforderung sind jedoch dreimal täglich die minimale Dosis:

- Was immer du gerade tust, halt kurz inne, und stell jede Tätigkeit ein.
- Denke: »Stopp!«
- Spüre deine Körperhaltung, und registriere einfach nur »Ich sitze«, »Ich stehe« oder »Ich liege«.
- Nimm die nächsten drei Atemzüge achtsam wahr. Spüre den Atemstrom an den Nasenflügeln: einatmen/ausatmen, einatmen/ausatmen, einatmen/ausatmen (verändere den Atem nicht, lass ihn einfach, wie er ist; aber begleite ihn mit deiner Achtsamkeit).
- Lenk deine Aufmerksamkeit dann auf deinen Körper: Wie fühlt er sich an? Sind die Muskeln angespannt oder entspannt? Ist dir warm oder kalt? Welche Körperempfindungen hast du, zum Beispiel Schmerzen, Jucken, Vibrieren? (Auch hier ist es wichtig, nichts zu verändern oder »machen« zu wollen.)

Wende dich dann wieder deiner Beschäftigung beziehungsweise deinem Alltag zu.

Die Kraft des Gelübdes –
Die richtige Entscheidung treffen

»Morgen früh, sobald die Sonne aufgeht, werdet ihr eure Reise antreten.«
Obwohl Pentho und Faris wussten, dass sie ja irgendwann losmussten, zuckten sie bei der Ankündigung des alten Lehrers doch innerlich ein wenig zusammen.
»Ich freue mich ja auf die Reise«, sagte Faris. »Ich sorge mich nur ein wenig darum, Euch hier allein zurückzulassen, Meister.«
Der alte Lehrer lachte, bis ihm die Tränen die Wangen hinabliefen.
»Ach, mein Eselchen – noch seid ihr nicht mal aufgebrochen, und schon machst du dir Sorgen, dass du dir Sorgen machen könntest, mir stoße vielleicht etwas zu!«
»Mir geht es aber ebenso wie Faris, Meister«, sagte Pentho beschämt. »Ich sorge mich darum, wie es wohl meinen Eltern gehen wird. Mein Vater ist ja auch nicht mehr der Jüngste ...«
Der alte Lehrer schüttelte den Kopf. »Ihr holt euch eine sorgenvolle Zukunft in die Gegenwart und verzagt. Was wird wohl, wenn ihr wirklich Schwierigkeiten auf eurem Weg begegnet?«
»Auch darum machen wir uns Sorgen«, sagten Faris und Pentho.
»Ihr habt eine Aufgabe. Eine Aufgabe des Herzens aber sollte man nicht aufgeben.«
»Natürlich nicht, Meister«, sagte Faris. »Ich verspreche Euch, dass ich nicht aufgebe!«
»Ja, verehrter Lehrer!«, rief Pentho. »Ich verspreche, dass wir den Sternenschlüssel vom Tempel der Ewigen Freude zurückbringen!«
Der alte Lehrer schüttelte den Kopf. »Ihr Lieben, das ist ja gut ge-

meint, dass ihr es mir versprecht. Doch das ist nicht gut genug für eure Aufgabe. Hört euch mal die Geschichte vom starken und vom schwachen Helden an ...«

Der starke und der schwache Held
Zwei Männer gab es im Königreich, die galten als diejenigen, die dem König am meisten ergeben und die größten Helden waren. Und so fiel ihnen die Aufgabe zu, die Prinzessin zu befreien, die von dem uralten zauberkundigen Drachen im Nebelgebirge entführt worden war.

Der erste Held sprach: »Ich schwöre bei meinem Leben, dass ich die Prinzessin befreie!« Und zu sich selbst sprach er: »Ich werde die Prinzessin befreien und sie zur Braut nehmen! Und eines Tages werde ich vielleicht sogar selbst König sein.«

Der zweite Held: »Ich gelobe, mein Bestes zu geben.« Und zu sich selbst sprach er: »Ich weiß nicht, ob ich stark genug bin, den Drachen zu überwinden – doch ich bleibe, wer ich bin, und ich gelobe mir selbst, mir und meiner Aufgabe treu zu sein.«

Sie zogen los und kamen bald in das verwüstete Land des Drachen. Manche Schwierigkeiten und manchen Kampf mussten die Helden bestehen, und schließlich kamen sie in Sichtweite der Drachenhöhle. Doch der Drache war ein Meistermagier und hatte einen Zauber gewebt, der jedem, der sich näherte, den Mut und die Erinnerung raubte.

So ging es auch den beiden Helden. Der erste dachte bei sich: »Was tue ich hier nur? Für den König? Vielleicht ist der schon gestorben, oder ich habe das alles nur geträumt?« Und er zog von dannen.

Der zweite sprach bei sich: »Ich habe Angst vor dem Drachen und weiß gar nicht, was ich hier suche. Gab es da einen König? Ich weiß es nicht mehr, doch ich weiß, wer ich bin: Ich bin der, der sich treu ist. Ob König oder nicht – ich habe mir selbst gelobt, mein Bestes zu geben. Und am besten, ich tue das, was ich mir gelobt habe.« So ritt er denn, wenn auch mit zitternden Händen, dem Drachen entgegen.

Esel und Fürstensohn hatten atemlos gelauscht. »Und? Hat er die Prinzessin befreit?«, rief Faris. »Was ist aus dem ersten Helden geworden?«, rief Pentho.

Der alte Lehrer hob die Hände, die Schüler schwiegen: »Als der Zauber des Drachen nachließ und seine Erinnerung zurückkehrte, schämte sich der erste Held so sehr, dass er nicht zurückkehrte, sondern in die Dienste eines anderen Herrn trat. Er vollbrachte noch viele große und mutige Heldentaten und wurde sehr berühmt. Der zweite Held hingegen kämpfte gegen den Drachen und wurde getötet.«

Seine Schüler rissen Augen und Mund auf.

»He, was ist denn das für eine dumme Geschichte?«, rief Faris.

Und Pentho: »Ist es besser, sich verwirren zu lassen und wegzulaufen?«

Der alte Lehrer zog die Augenbrauen zusammen. »Nein, ihr Tröpfe. Habt ihr schon vergessen, über was wir gesprochen haben? Ich erzähle euch hier doch keine Kindergeschichten von Drachentötern und Prinzessinnenbefreiern.« Dann fuhr er sanfter fort: »Es ist nicht so viel wert, anderen etwas zu versprechen, wenn man es sich nicht vor allem selbst verspricht. Anderen ein Versprechen zu geben ist etwas für einfache Aufgaben. Doch wer kennt die Zukunft? Nicht aufgeben heißt, sich selbst etwas zu geloben und sich selbst treu zu bleiben.«

* * *

»Nicht das Geräusch der Lippen ist es,
sondern das glühende Gelübde des Herzens,
das wie eine helle,
reine Stimme Gottes Ohren erreicht.«
Erasmus von Rotterdam

Mit jeder Entscheidung, die du triffst, veränderst du die Richtung, die dein Leben nimmt. Leider treffen wir Entscheidungen oft unbewusst, lassen uns vom Zufall treiben oder folgen nur dem, worauf wir gerade Lust haben. Ob du nun ein Unternehmen gründen möchtest, deine Ernährung umstellen willst oder Ziele wie Glück oder innere Freiheit anstrebst – es gibt nur eine Möglichkeit anzukommen: Du brauchst ein klares Ziel. Gelübde sind nichts anderes als achtsam gesetzte Ziele, die wir mit bewusster Intention verfolgen.

»*Für jemanden, der nicht weiß,*
welchen Hafen er ansteuern soll,
ist kein Wind der richtige.«
Lucius Annaeus Seneca

Durch ein Gelübde oder eine innere Mission kanalisierst du deine Lebensenergie, statt deine Kräfte zu zerstreuen. Gelübde schützen dich davor, zum Spielball anderer zu werden, und sie verhindern, dass du dein Schicksal vom Zufall abhängig machen musst.

Alljährlich nehmen viele Menschen sich zum Neujahrstag vor, weniger zu rauchen, abzunehmen, mehr Sport zu treiben, sich mehr Zeit für ihre Freunde zu nehmen, weniger fernzusehen, mehr zu meditieren und so weiter. Doch wie du vermutlich selbst weißt, sind all die guten Vorsätze schon nach wenigen Tagen für die Katz.

Wünsche genügen nicht, wir brauchen auch Ziele. Und gute Vorsätze nach dem Motto »Ich sollte mal ...« sind noch kein Ziel. Doch selbst Ziele sind meist zu schwach – durch ein Gelübde kannst du dir eine noch sehr viel klarere Richtung geben. Dadurch wird eine Art magische Energie frei: Plötzlich triffst du genau die richtigen Leute und ziehst magnetisch die Dinge an, die du im jeweiligen Moment brauchst, um voranzukommen. Wenn du genau weißt, wohin dein Herz will, scheint alles auf einmal wie von selbst zu gehen.

Menschen wie Mutter Teresa, Mahatma Gandhi, Martin Luther King oder Nelson Mandela haben gezeigt, welche Kräfte sich entfalten, wenn unserem Tun eine Vision oder ein Gelübde zugrunde liegt. Gelübde zielen letztlich immer auf spirituelle Werte ab – sie motivieren uns, edle Ziele wie Verbundenheit, Liebe, Gelassenheit, Achtsamkeit, Fürsorge oder Frieden anzustreben und uns selbst treu zu bleiben. Du kannst dein Gelübde nicht durch Nachdenken herausfinden. Ein Gelübde ist eine Entscheidung, die du tief in deinem Herzen triffst. Durch ein Gelübde wirst du dir deiner Werte bewusst, und zugleich wirst du Wege finden, diese Werte in deinem Leben zum Ausdruck zu bringen.

Übrigens musst du natürlich kein Gelübde für dich »erfinden«. Es gibt bereits genug bewährte Möglichkeiten, seinem Leben einen tieferen Sinn zu verleihen. So kannst du dich beispielsweise Friedensmärschen und ökologischen oder christlichen Bewegungen anschließen. Oder du beschließt, dich an die grundlegenden Gelübde des Buddhismus zu halten, die sich in ähnlicher Form auch in vielen anderen Religionen wiederfinden:

Ich gelobe, kein Lebewesen zu töten oder zu verletzen.
Ich gelobe, nichts zu nehmen, was mir nicht gegeben wurde.
Ich gelobe, keine unheilsamen sexuellen Beziehungen einzugehen und Gier zu entsagen.
Ich gelobe, aufrichtig zu sein und unheilsame Rede zu vermeiden.
Ich gelobe, meinen Geist nicht durch berauschende Mittel zu verwirren.

Finde deine Vision

Eine einfache Methode, dein persönliches Gelübde zu finden, besteht darin, dich zu fragen, was du tun würdest, wenn du noch fünf Jahre zu leben hättest. Was wäre dir wirklich wichtig – was musst du noch tun, bevor es irgendwann zu spät ist? Das muss nichts Großartiges oder besonders »Heiliges« sein.

Vielleicht willst du geloben,
- gut für dich selbst zu sorgen,
- deiner inneren Stimme zu folgen,
- dir selbst und anderen gegenüber Mitgefühl zu entwickeln,
- Gelassenheit zu finden und Ruhe auszustrahlen,
- andere vor Leiden zu bewahren oder
- dich vom Anhaften und von Abhängigkeiten zu befreien …

*»Des Menschen Freiheit liegt nicht darin,
dass er tun kann, was immer er will,
sondern dass er lassen kann, was er nicht tun will.«*
Jean-Jacques Rousseau

Im Sturm Ruhe bewahren

Der Fürstensohn und der Esel waren bereit und guter Laune. Es war herrliches Sommerwetter, genau richtig, um zu einer abenteuerlichen Reise aufzubrechen.

Doch Pentho war auch ein wenig skeptisch. »Jetzt ist die Reise leicht, und wir sind guten Mutes. Möge uns der Mut nicht verlassen, wenn es regnet, stürmt und kalt ist!«

Faris grinste. »Das lässt mich kalt, wenn es kalt ist. Dann lasse ich meine Ohren herabhängen, und der Regen läuft ab.«

»Ja, das klappt bei meinen Ohren nicht«, lachte Pentho. »Und ich habe auch kein dickes Fell. Du bist zu beneiden!«

»Na ja. Dafür wird es mir nicht leichtfallen, einen Gastwirt zu überreden, mir ein warmes Bett zur Verfügung zu stellen …«

Der alte Lehrer hatte den beiden amüsiert gelauscht. Nun sprach er: »Wer von euch hat es wohl besser? Der, der es versteht, Unwetter zu ertragen, oder der, der seine Möglichkeiten zu nutzen weiß?«

Die beiden Reisefertigen sahen sich unsicher an. Der alte Lehrer lächelte und begann, eine Geschichte zu erzählen …

Der einfältige Bauer

Im Königreich jenseits des Waldes lebte einmal ein armer Bauer, der hatte nichts außer einer kleinen Kate am Waldrand, einen winzigen Acker, eine magere Kuh, einen großen Apfelbaum und eine hässliche Tochter. Er war stets freundlich, und so hatten seine Nachbarn Mitleid mit dem armen Bauern. Doch wann immer man ihn bedauerte, erwiderte er nur: »Es kommt, wie's der Himmel will …« Daher hielten die Nachbarn ihn für gottesfürchtig und ein wenig einfältig.

Eines Tages lief die Kuh fort. Die Nachbarn halfen dem Bauern bei der Suche, doch das Tier blieb verschwunden. »Du Armer!«, sagten die Nachbarn. Doch er zuckte nur mit den Schultern. »Es kommt, wie's der Himmel will ...«, sagte er, und die Nachbarn zuckten ebenfalls mit den Schultern und gingen fort. »Vielleicht ist es gut, dass er so einfältig ist – da spürt er den schlimmen Verlust nicht so sehr«, sprachen sie unter sich.

Drei Monate darauf kam die Kuh aus dem Wald. Sie war nicht nur unversehrt, sondern offenbar wohlgenährt und trächtig. Die Nachbarn freuten sich mit dem armen Bauern. Und als die Kuh nach einem halben Jahr gleich zwei gesunde Kälbchen hatte, beneideten sie ihn und sprachen: »Du bist doch ein gewaltiger Glückspilz!« Doch er zuckte nur mit den Schultern. »Es kommt, wie's der Himmel will ...« Da dachten die Nachbarn, dass er in seiner Einfalt nicht einmal das Glück erkenne, und bedauerten ihn gleich noch mehr.

Am nächsten Tag kam ein großer Sturm. Die Scheune des Großbauern wurde abgedeckt, doch sonst passierte nicht viel – außer bei dem armen Bauern: Der Sturm hatte seinen schönen Apfelbaum umgerissen. Die Nachbarn klagten über das große Unglück des Bauern, doch der sagte wie stets: »Es kommt, wie's der Himmel will ...«

Als sich der arme Bauer am folgenden Tag den Baum ansah, um ihn zu zersägen, bemerkte er, dass der Apfelbaum nicht gebrochen, sondern nur aus der Erde gerissen war. Mit etwas Geschick könnte er ihn wieder aufrichten und stützen. So begann er vorsichtig zu graben, damit der Baum sich wieder in die Erde senken könne. Doch kaum hatte er angefangen zu graben, glitzerte es wie Gold. Und das war auch kein Wunder, denn es lagen drei schwere goldene Taler in der Erde.

Als die Nachricht vom großen Glück des gar nicht mehr so armen Bauern im Dorf die Runde machte, baten sie den »Glücksbauern«, wie sie ihn nannten, zu einem kleinen Fest, um sein Glück zu feiern. Der gab auch gern das Geld für die Feier, aber zuckte doch mit den Schultern und sprach: »Es kommt, wie's der Himmel will ...« Da flüsterten die Boshaften, er halte sich wohl für auserwählt, und neideten ihm sein Glück.

Der Bauer kaufte seiner Tochter ein Kleid, machte die Kate etwas wohliger und gab ansonsten den Bedürftigen – und da es mit einem Mal viel mehr Bedürftige zu geben schien, war der Reichtum schnell aufgebraucht. Doch den Bauern focht das nicht an. »Es kommt, wie's der Himmel will ...«, dachte er.

Bald gab es einen großen Aufruhr im Dorf: Der König hatte Boten durch das Land geschickt, die verkündeten, dass der jüngste Prinz heiraten wolle – und seine Braut sollte ein braves Mädchen aus dem Volke sein. Hui, welch ein Aufruhr! Jede putzte und schnürte sich, um mehr zu scheinen, als sie war. Nur die hässliche Tochter hatte gar nichts von der Suche des Prinzen gehört und war zu Hause geblieben. »Die Arme!«, sagten die Nachbarn. »Das arme Ding traut sich nicht.« Und sie sagten es tatsächlich ganz ohne Schadenfreude. Als sie den armen Bauern trafen, sprachen sie ihr Bedauern über die mangelnde Schönheit seiner Tochter aus, doch der Bauer lächelte nur. »Es kommt, wie's der Himmel will ...«

Die Nachbarn flüsterten bei sich, dass sich der Himmel wohl einiges einfallen lassen müsste, wenn der Prinz die Tochter des Bauern auch nur mit einem Auge ansehen sollte.

Der jüngste Prinz ritt mit seinem Gefolge ins Dorf ein. Er stieg ab und ließ alle Mädchen, die denn gern Prinzessin sein wollten – und das waren mehr, als die Welt an Prinzessinnen aushalten kann –, vor sich treten. Dann legte er einer jeden die Hand auf den Kopf und streichelte ihre Wangen. Anschließend nickte er kurz, und die Nächste trat vor.

Die hässliche Tochter war inzwischen auch im Dorf. Sie schämte sich ihrer geringen Schönheit nicht – und sie hatte auch gar nicht vor, Prinzessin zu werden. Nun stand sie aber nun einmal vor dem Rathaus, und als keine neuen Bewerberinnen, so groß ihre Zahl auch gewesen war, vortraten, machte ein Schelm den Vorschlag, dass die hässliche Tochter vortreten solle. Sie wusste, dass es ein Spaß mit ihr sein sollte, doch dann war es eben ein Spaß. Also trat sie vor den Prinzen.

Der legte ihr wie den anderen erst die Hand auf den Kopf und streichelte ihre Wangen. Dann lächelte er und nahm das Gesicht der Bauerstochter in die Hände, küsste sie und bat sie um ihre Hand.

Der Prinz, viele hatten es freilich erraten, aber keiner gesagt, war blind wie ein Maulwurf. Manche lachten über seine Wahl, manche sahen in dem Herzen des Mädchens, was der blinde Prinz gesehen hatte, aber die meisten waren nur neidisch. Als der Bauer rasch ins Dorf geholt wurde, riefen die Leute: »Was für ein Glückpilz! Bist du nicht außer dir vor Freude?«

Der Bauer sah sich den Aufruhr an, freute sich für seine Tochter und den Prinzen und sehnte sich ein wenig nach der Ruhe in seiner Kate am Waldrand zurück. Doch nun wurde erst einmal Hochzeit gefeiert und die Bauerstochter zur Prinzessin. Der Bauer aber zuckte nur mit den Schultern und sprach: »Es kommt, wie's der Himmel will ...«

»Es kommt, wie's der Himmel will ...« Der einfältige Bauer aus dem Märchen wusste, was wir im Grunde ja eigentlich alle wissen: Das Leben ist so unberechenbar wie das Wetter – es gibt keine Garantie dafür, dass auch morgen noch die Sonne scheint. Im Gegensatz zu dem Bauern fällt es den meisten von uns jedoch sehr schwer, den Dingen ihren Lauf zu lassen, die Kontrolle aufzugeben und unser Leben »in Gottes Hände zu legen«.

>»Nichts ist so entspannend,
wie das anzunehmen, was kommt.«
Dalai Lama

Inmitten der Stürme des Lebens gelassen zu bleiben ist eine große Kunst. Die kann uns nur gelingen, wenn wir die Verbindung nach oben nicht verlieren und uns bewusst darum bemühen, auch dann noch ruhig und heiter zu bleiben, wenn um uns herum alles zusammenbricht.

Bekanntlich gibt es nicht viele Menschen, die auch in Krisen die Nerven bewahren, was kein Wunder ist: Starke Nerven sind selten angeboren, folglich müssen wir Gelassenheit üben. Die wichtigste »Technik« in der Kunst der Gelassenheit ist die Entspannung. Im Grunde ist Gelassenheit ja auch gar nichts anderes als geistige Entspannung. Um aber in den Genuss eines in sich ruhenden Geistes zu kommen, müssen wir zuerst lernen, uns körperlich zu entspannen.

Krisen kannst du nicht bekämpfen.
Krisen kannst du nur vorüberziehen lassen.
Das wird dir umso leichter fallen, je öfter du dich darin übst, deinen Körper zu entspannen und heiter zu bleiben –
komme, was wolle.

In turbulenten Zeiten ist es besonders wichtig, einen unerschütterlichen Ruhepol in sich zu wissen. Einige Menschen schöpfen ihre Kraft aus ihrer Verbindung zu Gott oder zum Universum und haben genug Urvertrauen, um selbst dramatische Lebensphasen einigermaßen unbeschadet überstehen zu können. Wissenschaftler sprechen in diesem Zusammenhang von »Resilienz«, der Fähigkeit, Stress zu verarbeiten und Krisen zu bewältigen. Der Begriff wird im Sinne von »Widerstandskraft« verwendet und ist vom lateinischen Wort *resilire* abgeleitet, was »abprallen, zurückspringen« bedeutet. Alle meditativen Wege und Entspannungsmethoden verbessern grundsätzlich die Resilienz. Es ist aber auch möglich, ganz gezielt einen schützenden Hafen in sich selbst anzusteuern, denn bestimmte Methoden ermöglichen es uns, unerschütterliche Gelassenheit zu entwickeln. Die folgenden beiden sind besonders zu empfehlen:

1. Die Herzmeditation

Einer der Wege zu innerer Unerschütterlichkeit besteht darin, sich tief in seinem Herzen zu verankern. Das spirituelle Herzzentrum wird im Yoga als »Anahata-Chakra« bezeichnet. Der Sanskritbegriff *anāhata* bedeutet unter anderem »unangeschlagen« oder »unverletzt«. Und tatsächlich können wir tief in unserem Herzen nie verletzt werden. Nach hinduistischer Auffassung befinden sich im Astralkörper des Menschen Zentren subtiler oder feinstofflicher Energie, »Chakras« genannt. Das Sanskritwort *cakrá* bedeutet »Rad, Kreis«: Medial begabte Menschen, die die Aura sehen können, beschreiben die Chakras als »Lotosblüten« in kreisender Bewegung, wodurch der Eindruck eines Rads entsteht.

Um die Energie in deinem Herzchakra anzuregen, legst du deine Handflächen mitten auf deine Brust. Schließ die Augen, lenk deine Achtsamkeit nach innen, und nimm Kontakt zu deinem spirituellen Zentrum des Mitgefühls und der selbstlosen Liebe auf. Lass alles Denken los. Versenke dich in dein Herzzentrum, und mach dir bewusst, dass Liebe stärker ist als alle Hindernisse, die dir im Leben begegnen können.

2. Die Hara-Meditation

Der japanische Begriff *hara* meint einerseits das körperliche Zentrum in der Mitte des Unterbauchs, andererseits aber die Quelle der Lebensenergie, die uns mit der Kraft der Erde verbindet. In der Zen-Meditation bedeutet »Hara« eine Haltung der Klarheit und Stille sowie des Zentriertseins.

- Setz dich aufrecht und bequem auf einen Stuhl oder ein Meditationskissen. Lehn den Rücken nicht an und schließ die Augen.
- Leg deine Hände unterhalb des Nabels auf deinen Bauch – die linke Handfläche berührt den Unterbauch, und die rechte Handfläche liegt entspannt auf dem linken Handrücken.
- Lass den Atem kommen und gehen, ohne ihn zu beeinflussen. Spüre nur, wie sich der Bauch beim Einatmen sanft dehnt und beim Ausatmen wieder entspannt. Beobachte das Ein- und Ausströmen einige Minuten lang.
- Geh jetzt noch einen Schritt weiter: Lass das Einatmen einfach geschehen und konzentriere dich nur noch auf das Ausatmen. Vertiefe die Ausatmung ein klein wenig. Nutze die Ausatmung, um »runterzukommen« und dich immer tiefer zu entspannen.
- Es kann hilfreich sein, diese Bewegung von oben nach unten mit Worten zu unterstützen. Denk am Anfang der Ausatmung: »*Sich in den Schultern loslassen ...*« Und am Ende der Ausatmung: »*Sich in das Becken niederlassen ...*«

Nimm dir für diese Meditation mindestens fünf Minuten Zeit. Es dauert meist ein wenig, bis du deinen Ruhepol entdeckst und dich in ihm geborgen fühlen kannst.

»Kümmere dich nicht zu sehr um das Außen –
kümmere dich lieber um dein Inneres.
Wer das Äußere nutzt,
um sein Inneres in Harmonie zu bringen,
wird nicht weit kommen. Nutze besser das Innere,
um das Äußere zu verwandeln.«
Kurma – Die 7 Geheimnisse der Schildkröte

In manchen erfüllenden Momenten des Lebens mag es uns wie Faust aus Goethes gleichnamiger Tragödie gehen, da er zum Augenblicke sagt: »Verweile doch! du bist so schön!« Doch kein Augenblick verweilt oder kehrt zurück, denn das Leben ist in ständiger Bewegung.
Alles ist vergänglich – das mag manchmal beunruhigend sein, doch wenn kleinere oder größere Katastrophen über uns hereinbrechen, trägt es sehr zur Gelassenheit bei. Erinnere dich stets daran: Was auch geschieht – es geht vorbei.

Wie dunkel und bedrohlich das Gewitter auch sein mag, das sich über dir zusammenbraut – du bist nicht die Gewitterwolken, du bist der klare, weite Himmel.

7 Wege ins Licht

»*Wenn wir's hüten, führt durch jedes Dunkel*
Ein Licht uns, stille brennend in der Brust.«
Ludwig Uhland

Im Trubel des Alltags, inmitten all der großen und kleinen Probleme, mit denen wir zu kämpfen haben, ist es schwer, uns daran zu erinnern, woher wir wirklich kommen. Oft haben wir noch nicht einmal die Zeit, um durchzuatmen – wie sollten wir uns da unserer himmlischen Heimat, unseres göttlichen Erbes bewusst werden?

Und so ergeht es uns wie Königskindern, die in einer armseligen Hütte frierend auf Strohlagern schlafen, weil sie vergessen haben, dass zu Hause, jenseits des Waldes, ein schönes warmes Schloss samt Himmelbett auf sie wartet.

Ein Himmelbett ist natürlich nicht so furchtbar wichtig. Aber mehr Klarheit, innere Ruhe, Gelassenheit, Mitgefühl und einen freien Geist zu gewinnen, das wäre durchaus wichtig – ja vielleicht sogar noch viel wichtiger als die meisten Dinge, nach denen wir uns sehnen.

Die Frage ist nur: Können wir unsere himmlische Heimat überhaupt je wiederfinden? Welche Möglichkeiten gibt es, das Licht des Himmels schon hier und jetzt in unserer Seele zum Strahlen zu bringen?

In den folgenden sieben Kapiteln betrachten wir sieben Wege, die dir dabei helfen, Belastendes loszulassen, innerlich weit und still zu werden und dich mit der Kraft der Gegenwart zu verbinden. Auf jedem dieser Wege kannst du entdecken, dass du »Gott«, deiner »Quelle«, dem »Himmel« oder wie auch immer du es nennen willst, bereits viel näher bist, als du vielleicht glaubst. Die sieben Wege sind wie sieben Sprossen einer Himmelsleiter. Mit dem Unterschied, dass du die Sprossen beliebig vertauschen kannst und auch nicht eine nach der anderen besteigen musst. Ja, du musst nicht einmal alle Sprossen benutzen, denn um »oben« anzukommen, genügt es schon, auch nur einen der sieben Wege konsequent zu gehen.

Die 7 Wege auf einen Blick

1. Erweitere deinen Raum und öffne deinen Geist

2. Bleib gelassen und heiter, egal, was passiert

3. Folge dem Weg deines Herzens

4. Lad das Schöne in dein Leben ein

5. Öffne dich für das Wunder des Jetzt

6. Verwandle Gebundensein in Verbundensein

7. Vergiss den Himmel nicht

Der Esel und der Fürstensohn hatten sich herzlich vom alten Lehrer verabschiedet und trabten frohen Mutes dahin. Zum Berg des Verborgenen Lichtes war es weit. Doch das störte sie nicht. Sie wanderten und lachten und sangen und erzählten sich Geschichten und Anekdoten.

»Seltsam eigentlich«, sagte Faris, »dass die Menschen früher gedacht haben, die Sonne kreise um die Erde.«

»Was soll denn daran seltsam sein? Das war doch ganz natürlich. Wenn man keine Teleskope hat, sieht es ja wirklich so aus, als würde die Sonne um die Erde kreisen!«

Der Esel schwieg ein paar Sekunden. Dann sah er Pentho an: »Und wie hätte es denn ausgesehen, wenn sich nicht die Sonne um die Erde drehte, sondern die Erde sich um sich selbst?«

Pentho guckte verwirrt und dachte darüber nach. So gingen sie schweigend eine Weile nebeneinanderher. Plötzlich sahen sie am Wegesrand einen uralten, blinden, in Lumpen gehüllten Mann sitzen. Sie gingen zu ihm und fragten, ob er Hilfe brauche oder ein Schlückchen Wein oder ein Stückchen Brot? Der Blinde bat um ein Schlückchen Wasser, und als er es erhalten hatte, trank er und sprach: »Für eure Freundlichkeit will ich euch Freundlichkeit geben. Ihr sucht den Berg des Verborgenen Lichtes. Den findet ihr nur auf dem Weg der guten Taten ... und nun seid ihr schon ganz nah.« Er wies in die Richtung, aus der sie gekommen waren – doch nun war dort ein großer, bewaldeter Berg. »Der Weg zum Tempel ist ein Teil des Tempels. Viele verschlungene Wege gibt es; manche führen in die Irre, manche gehen im Kreis und andere einen großen Umweg. Jeder, der den Tempel sucht, geht einen anderen Weg. Es gibt sieben Wächter des Tempelweges; von ihnen lernt ihr den kürzesten Weg. Doch bevor ihr geht, noch einen Rat: Vergesst den Himmel nicht!«

Pentho und Faris sahen einander an.

»Das ist ja interessant. Sieben Wächter gibt es. Davon hat der Meister nichts erzählt«, sagte Faris.

»Ja, er hat überhaupt wenig erzählt, wenn ich es mir so recht überlege.«

»Aber nun haben wir den Berg schon fast erreicht – ich dachte, wir sind noch mindestens einen Monat unterwegs!«

Pentho nickte. »Was machen wir denn jetzt mit dem alten Blinden?«, flüsterte er. »Wir können ihn doch nicht einfach hier liegen lassen.«

»Wo ist er überhaupt?«, fragte Faris und sah verblüfft um sich. Der alte Mann war verschwunden.

»Mysteriös«, sagte Pentho. »Ob es stimmt, was der Alte gesagt hat? Dass es sieben Wächter gibt? Was bewachen die wohl?«

Darauf wusste Faris auch keine Antwort. Und so wanderten sie beide weiter, schweigend, jeder seinen Gedanken nachhängend.

Bald schon hatten sie das letzte Dorf hinter sich gelassen und näherten sich dem Fuß des Berges, wo ein munteres Flüsschen plätscherte. Sie traten über die Brücke und sahen, dass sich der Pfad in drei Wege teilte, einer führte nach rechts, der andere nach links, und der dritte wand sich steil nach oben. Es gab auch drei Wegweiser. Auf dem, der nach links wies, stand: »Der einfache Weg«, auf dem nach rechts: »Der klügste Weg« – und auf dem, der steil nach oben ging: »Der schnellste Weg.«

Nachdem sich die beiden Wanderer eine Weile gestritten und die Vor- und Nachteile von Einfachheit, Klugheit und Schnelligkeit verglichen hatten, entschieden sie sich für den Weg, den sein Wegweiser als den klügsten bezeichnete. Der Weg nach rechts war nicht steil und leicht zu gehen. Schon bald wand er sich in einer großen Kurve nach links ... und kurz hinter der Biegung stand ein Haus, das wie ein kleines Tempelchen aussah. Drei Wege führten zu diesem Haus. Der einfache, der klügste und der schnellste.

Faris und Pentho sahen sich an und kamen sich etwas dumm vor.

»Es war also ganz gleich, welchen Pfad wir gegangen wären«, sagte Pentho.

»Der Weg, den ihr gegangen seid, war der klügste«, sagte ein Männlein in Gärtnerkleidung, das aus dem Tempelchen trat. »Ich bin Manus, der Wächter des ersten Weges.«

1. Erweitere deinen Raum und öffne deinen Geist

Auf den äußeren Raum, in dem sich unser Leben abspielt, haben wir keinen allzu großen Einfluss. Manche Menschen müssen sich mit einem Zimmerchen in einer WG begnügen, während andere in einer riesigen Villa wohnen. Das ist ungerecht, doch es gibt auch eine gute Nachricht: Unseren inneren Raum können wir selbst gestalten und ihn unendlich weit ausdehnen. Zu glauben, dass unser Glück und unsere Zufriedenheit von einer Quadratmeterzahl abhängen, ist Unsinn. Nur wenn wir Raum in uns selbst haben, können wir das Geheimnis des Himmels ergründen.

Der erste Wächter führte sie in sein Tempelhäuschen und setzte ihnen Tee vor.

»Lieber Herr Wächter, was bewachst du eigentlich?«, wagte Faris sich vor.

»Ja, wir wollen doch nichts stehlen!«, ergänzte Pentho.

Der Wächter lächelte. »Ich bewache keine Schätze – ich bin nur wachsam und helfe Suchenden, den Weg zum Tempel der Ewigen Freude zu gehen.«

Pentho atmete erleichtert durch. Er hatte befürchtet, dass er eine Prüfung bestehen müsste, um zum Tempel vorgelassen zu werden. Und Faris sagte: »Großartig! Dann kannst du uns gleich den Weg zeigen, damit wir keine Zeit verlieren.«

Der Wächter sah ihn belustigt an. »Die Zeit geht nicht verloren, kleiner Esel. Ihr könnt die nächsten drei Tage meine Gäste sein und auch meinen Garten besuchen.«

»Ach, Herr Wächter, Blumen sind ja was Schönes und Leckeres, aber ...«, sagte Faris.
»Es ist nicht so ein Garten«, unterbrach ihn der Wächter ruhig.
»Eigentlich wollten wir aber so schnell wie möglich zum ...«
»... Tempel der Ewigen Freude. Doch wollt ihr so schnell wie möglich dort ankommen oder so schnell wie möglich von hier aufbrechen?«

Dein Geist ist weit und frei wie der Himmel. Das Einzige,
was ihn beschränken kann, bist du selbst.
Welche Grenzen setzt du dir?
Und was, wenn du sie sprengtest?

Neuen Raum schaffen

Nachdem sie gegessen hatten, denn sie waren von der Reise mächtig hungrig gewesen, führte sie der Wächter in einen kleinen Garten hinter dem Tempel. Als sie genau hinsahen, bemerkten sie, dass dieser Garten eine eigene kleine Welt war. Das, was ihnen zunächst wie Gräser schien, waren winzige Bäumchen, ein paar Regentropfen hatten einen kleinen See gebildet, und der Maulwurfshügel war ein einsamer Berg in dieser Miniaturlandschaft. Und als sie noch näher hinsahen, stellten sie fest, dass es sogar Menschen in dieser Welt gab – zumindest konnten sie kleine Häuschen am Waldesrand erkennen.

»Im Kleinen ist das Große«, sprach der Wächter. »Je genauer ihr hinseht, desto weiter wird euer Geist.«

Pentho sah ihn fragend an. »Aber wie geht das? Wie kann ich noch genauer hinsehen?«

»So, wie das Wasser einen Felsen sprengt. Es dringt in die Zwischen-

räume ein, dann wird es fest und dehnt sich aus – und kein Fels kann dem widerstehen.«
»Aber wo sind denn in meinem Geist die Zwischenräume?«, fragte Pentho weiter.
»Zwischen deinen Ohren«, murmelte Faris.
»Zwischen jedem Gedanken ist ein Zwischenraum«, sagte der Wächter. »Und noch größere Zwischenräume befinden sich zwischen dem, was geschieht, und dem, was du tust. Dieser Zwischenraum ist deine Freiheit. Denn der Raum zwischen den Dingen ist so wichtig wie das, was da ist. Nur die Leere des Krugs macht ihn nützlich.«

* * *

Der Raum ist immer da. Und er ist immer grenzenlos. Doch je mehr wir hineinstellen, desto enger wird es. Mit jedem Gedanken, den du denkst, füllt sich dein geistiger Raum ein wenig an. Das ist auch der Grund, warum Grübeln – die Angewohnheit, sich über viele unnötige Dinge viele unnötige Gedanken zu machen – uns den Raum zum Atmen raubt.

Lenk dein Bewusstsein darauf, innerlich Raum zu schaffen. Immer wenn du dich aufregst oder die Nerven verlierst, immer wenn du die Welt interpretierst und die Dinge be- und verurteilst, kannst du nur noch einen sehr kleinen Ausschnitt der Realität wahrnehmen. Mit jeder deiner Ansichten, Erwartungen, Befürchtungen oder Einstellungen blendest du einen großen Teil aus. Um klar sehen zu können, brauchst du aber das Ganze und nicht nur ein paar Teile der Wirklichkeit.

Die Achtsamkeit auf den Raum lenken

Zieh dich zurück, setz dich entspannt auf ein
Meditationskissen oder einen Stuhl, oder probier diese Übung
einfach mitten im Alltag aus.
Die Anleitung ist einfach: Richte deine Achtsamkeit
einmal nicht auf die Dinge, die du siehst, sondern auf den Raum,
der sie umgibt.
Wenn wir in ein Zimmer kommen, richtet sich unsere Aufmerksamkeit automatisch auf die Objekte – die Einrichtung, die Bilder, Teppiche, Möbel und so weiter. Den Raum selbst sehen wir nicht. Natürlich nicht, denn er ist ja unsichtbar. Und doch: Der Raum ist da – ja, mehr noch: Er ist die Voraussetzung dafür, dass wir überhaupt etwas wahrnehmen können. Auch wenn du den Raum um einen Stuhl, um einen Baum oder einen Menschen herum nicht siehst, kannst du dir trotzdem bewusst sein, dass er da ist. Vielleicht kannst du den Raum sogar spüren.
Lass deinen Blick weit werden. Werde dir des unendlichen Raums bewusst. Achte dabei besonders auch auf den Raum, der dich selbst umgibt. Wachse mit jedem Atemzug in den Raum hinein ...

Eine einfache Möglichkeit, mehr Raum zu schaffen, liegt in der Art, wie wir auf Situationen reagieren. Oft geschehen im Leben unerfreuliche Dinge – vielleicht beleidigt dich jemand, du wirst kritisiert, verlierst deinen Job, oder deine Kinder verhalten sich unausstehlich ... Kommen Stress und Hektik hinzu, reagieren die meisten von uns panisch. Wir denken dann nicht mehr nach, sondern verhalten uns wie ein Hund, dem man auf den Schwanz getreten ist. Wir werden wütend oder deprimiert, fangen an, andere oder uns selbst zu beschuldigen, tun Dinge, die wir später bereuen, oder fühlen uns mit einem Schlag miserabel. Dabei könnten wir auch ganz anders reagieren ...

>*»Zwischen Reiz und Reaktion liegt ein Raum.*
In diesem Raum liegt unsere Macht
zur Wahl unserer Reaktion.
In unserer Reaktion liegen unsere Entwicklung
und unsere Freiheit.«
Viktor E. Frankl

Der Psychiater Viktor E. Frankl, der vier Konzentrationslager überlebte und dort seine Eltern und seine Frau verlor, sagte, dass es *eine* Sache gibt, in der wir immer frei sein werden und die uns niemand nehmen kann, ganz gleich, wie schrecklich die Umstände sind: Das ist unsere Reaktion. Die Art, wie wir reagieren und dem, was geschieht, begegnen, liegt allein in unserer Macht.

Immer gibt es einen kleinen Raum, in dem wir noch die Möglichkeit haben, Einfluss zu nehmen. Dieser kleine Zeitraum zwischen Reiz und Reaktion ist die natürliche Pause zwischen dem, was wir wahrnehmen, und dem, wie wir das Wahrgenommene verarbeiten.

Mit etwas Übung kannst du diesen Raum zwischen Reiz und Reaktion ein wenig erweitern. Einfach dadurch, dass du innerlich »Stopp« sagst, kurz innehältst und tief durchatmest. Und dann kannst du diesen Raum für gelassenere und weisere Reaktionen nutzen. In Anbetracht einer Beleidigung kannst du dann beispielsweise denken: »Ja klar, ich kann mich jetzt aufregen – ich kann aber auch Kekse essen ...«

Die Kunst des Loslassens

Pentho und Faris konnten gar nicht genug von diesem Garten im Garten bekommen. Sie legten sich auf den Boden und betrachteten die kleine Welt fasziniert.

Der Wächter ließ sich neben ihnen nieder. »Wisst ihr, dass ihr diesen kleinen Garten betreten könnt?«

Faris lachte. »Ja, aber da wären die Bewohner dieser Welt nicht so begeistert, wenn ich ihre Wälder und Häuser niedertrample.«

»Ja freilich«, lachte auch der Wächter. »Wenn ihr eure schweren Körper mitnehmt! Lasst das Festhalten an euren Gewissheiten los, und ihr werdet sehen, dass eure Größe keine Rolle spielt.«

»Wie soll ich etwas loslassen, was ich gar nicht in den Händen halte?«, fragte Pentho verwirrt.

»Hast du noch nie daran gedacht, wie es kommt, dass deine Hände etwas halten?«, antwortete der Wächter mit einem geheimnisvollen Lächeln. »Die Teetasse, die du in deiner Hand hältst, hält in Wirklichkeit dein Geist.«

* * *

Nichts kann uns so unglücklich und unzufrieden machen wie das Festhalten. Und andererseits ist nichts so befreiend und beglückend wie das Loslassen. Genauso, wie das Entrümpeln dir dabei hilft, im Außen mehr Raum zu schaffen, hilft das Loslassen dir dabei, in dir selbst mehr Raum zu schaffen und dich von innerem Ballast zu befreien.

Wie gut es tut, unnötige Sorgen (und wann wären Sorgen nicht unnötig?), schwierige Menschen oder belastende Gefühle wie Neid und Ärger loszulassen, weiß jeder. Und doch fällt es uns oft unendlich schwer, Dinge, Menschen oder Angewohnheiten loszulassen. Warum nur? Vielleicht, weil wir an ihnen »kleben« – weil wir innerlich anhaften.

> *»Dem Blick, der frei von Anhaften ist,
> enthüllt sich das Innere Licht. Der Blick,
> der von Anhaften gefesselt ist,
> ist von Dunkelheit und Nebel umhüllt.«*
> Kurma – Die 7 Geheimnisse der Schildkröte

Im Buddhismus gilt das »Anhaften« oder »Nicht-loslassen-Können« als Ursache für praktisch all unserer Probleme. Die Gleichung ist sehr einfach: Festzuhalten führt zu Leid, loszulassen in die Freiheit.

Wenn du ein Stück glühender Kohle aus der Hand fallen lässt, wird dir das sofort klar sein. Doch nicht nur glühende Kohle ist zu heiß zum »Anfassen«. Auch an unserer Wut, an unserem Ärger, an Begierden, Wünschen oder Erwartungen können wir uns verbrennen, wenn wir sie nicht rechtzeitig loslassen.

Die Festhalte-Liste

Für diese Übung brauchst du nur einen Stift und ein Blatt Papier (am besten ein großes ...). Liste alles auf, woran du derzeit festhältst – all die Dinge, Gedanken, Gefühle und Vorstellungen, die deinen geistigen Raum besetzen. Das können Wünsche sein, zum Beispiel nach Geld, Besitz, Jugend, Gesundheit, sinnlichen Erfahrungen oder angenehmer Gesellschaft. Das können Ängste sein wie die Angst, älter zu werden, zu erkranken, zu sterben, zu verarmen oder zu vereinsamen. Und auch Süchte und Zwänge (im weitesten Sinne) wie etwa Kauf-, Sex- oder Spielsucht, Perfektionszwang, Leistungs- und Konkurrenzdenken, Machtstreben, ständige Schuldgefühle oder der Drang, sich und andere zu bewerten, zeigen uns, dass wir geistig festhalten.

Liste alle Begriffe untereinander auf, die dir spontan einfallen. Schreib dann rechts neben jeden Begriff eine Zahl zwischen 1 und 3. »1« steht für leichtes Festhalten, »2« für mittelstarkes und »3« für starkes Anhaften. Die Übung dient dazu, achtsamer zu werden. Am besten wiederholst du sie in ein paar Wochen noch einmal, denn die Liste wird sich verändern, und du wirst immer Neues entdecken. Und genau darum geht es: nicht etwa darum, dich zu verurteilen oder aufzuregen, sondern einzig und allein darum, zu sehen, was ist – gelassen und entspannt.

Mit leeren Händen kommen wir auf diese Welt. Mit leeren Händen werden wir sie wieder verlassen müssen. Doch in der Zwischenzeit wollen wir alles ergreifen und festhalten und häufen so lange Neues an, bis wir uns kaum noch rühren können. Und während wir äußeren Dingen hinterherjagen, laufen wir die ganze Zeit vor uns selbst davon.

Was immer erscheint, ist vergänglich. Was immer wir erhalten, müssen wir eines Tages an das Universum zurückgeben. Da sich das Leben also ohnehin weder festhalten noch kontrollieren lässt, kannst du auch sofort loslassen. Statt gegen den Fluss anzuschwimmen, kannst du dich ihm auch sofort anvertrauen; du musst nur den Mut haben zu springen ...

Spring über den Horizont

Pentho und Faris waren noch ein wenig verwirrt. Der Wächter hatte ihnen erklärt, wie das Loslassen funktionierte. Aber es war ihnen immer noch nicht klar, wie sie auf diese Weise in die kleine Gartenwelt eintreten könnten. Bis jetzt waren sie nur neugierige Zuschauer.

Pentho seufzte: »Wie gern würde ich mich dort hineinversetzen! Wie mag es wohl sein, in dieser Welt zu leben?«

Faris nickte nur.

»Seht noch ein wenig genauer hin. Ich werde euch begleiten«, sagte der Wächter. Dann legte er seine Hände auf die Schultern der beiden. »Nun folgt mir.«

Und mit einem Mal standen sie in dem wunderbaren Miniaturgarten, der aber nun gar nicht mehr wie eine Miniatur aussah.

Mit offenen Mündern sahen sich Faris und Pentho um.

Was war geschehen? War der winzige Garten ins Riesenhafte gewachsen oder waren sie selbst winzig klein geworden? Sofort bestürmten sie den Wächter mit Fragen. Er brachte sie mit einer Handbewegung zum Schweigen und sprach: »Ihr habt in eurem Geist Raum geschaffen für den Garten. Ihr habt eure Vorstellung losgelassen und euch für neue Erfahrungen geöffnet. Ihr habt den Krug geleert, um ihn neu zu füllen. Und dabei seid ihr über den Horizont eures Geistes gesprungen.«

»Das geht über meinen Horizont«, murmelte Faris.

»Und nun ist da ein neuer Horizont«, staunte Pentho und blickte in die Ferne.

Der Wächter lächelte. »Es geht immer weiter ...«

* * *

Wenn es dir in einem Raum zu eng und stickig wird, wird es dir guttun, eine Zeit lang ins Freie zu gehen. Du kannst einfach die Wohnungstür öffnen, ein paar Schritte nach draußen gehen und den Himmel über dir genießen.
Manchmal brauchen wir nur durch eine Tür zu gehen, und unser Horizont weitet sich ganz von selbst wieder. Ebenso, wie wir durch einen äußeren Ortswechsel wieder mehr Luft zum Atmen bekommen, können wir uns durch einen inneren Ortswechsel von Belastendem befreien. Schließlich sind auch innere Orte manchmal sehr eng und stickig – beispielsweise wenn wir in negativen, sich endlos wiederholenden Gedankenspiralen feststecken.

Du kannst deinen inneren Ort wechseln, indem du einfach deine Perspektive veränderst. Zum Beispiel kannst du versuchen, die Dinge auf meditative Weise zu betrachten. Ändere deinen Blickwinkel, indem du von der Bühne in den Zuschauerraum wechselst. Statt dich in umtriebigem Tun aufzureiben, lehnst du dich zurück und schaust zu, wie die Dinge von selbst passieren. Öffne deinen Geist, und »gib die Welt aus der Hand«.

Um deinen Horizont zu erweitern, musst du keine neue Sprache pauken oder Salsatanzen lernen. Es gibt eine sehr viel einfachere Möglichkeit, deinen inneren Raum zu öffnen: *Werde neugieriger!*
Neugierde wird oft als Charakterschwäche angesehen. Wenn wir neugierig ein Gespräch belauschen oder begierig die neuesten Schlagzeilen in uns aufsaugen, trifft das auch zu. Aber die natürliche, kindliche Neugier ist alles andere als eine Schwäche. Ohne neugierig und offen zu sein, könnten wir nichts Neues lernen, uns nicht weiterentwickeln und nicht wachsen. Kinder erkunden ihre

Umwelt voller Neugier, Weise studieren neugierig ihren eigenen Geist und Forscher gehen wissbegierig den äußeren Dingen auf den Grund. Nur wer offen und neugierig ist, bleibt jung und in Bewegung.

Der Neugier mehr Raum geben

Weck dein Interesse. Entfalte deine Neugier. Ob du Leute triffst, mit dem Rad zur Arbeit fährst oder frühstückst – schau genauer hin als sonst. Öffne deine Augen, Ohren und alle Sinne. Erweitere deinen Blick, und versuch auch die Dinge wahrzunehmen, die dir sonst vielleicht entgehen. Sag nicht: »Ach, das kenn ich doch schon längst«, sondern nimm achtsam wahr, was es zu sehen, zu hören, zu spüren oder zu schmecken gibt.

Du kannst deine Neugier aber auch wecken, indem du dich auf neue Erfahrungen einlässt. Beispielsweise kannst du neue Gewürze in der Küche ausprobieren, andere Musik hören, fremde Länder bereisen oder lernen, Salsa zu tanzen …

Den Atem weit werden lassen

Die Wanderer streiften durch die neue, unbekannte Welt, und je länger sie dort verweilten, desto vertrauter schien sie ihnen, bis sie kaum noch wussten, was eigentlich der Unterschied sei zu der Welt, aus der sie kamen.

Sie gelangten an einen reißenden Fluss, an dem ein blinder Fährmann auf sie wartete. Und sie beschlossen, den Strom – der in ihrer Welt lediglich ein winziges Rinnsal war – zu überqueren. Der Fürstensohn übergab dem Fährmann eine Goldmünze. Der aber warf sie achtlos ins Wasser. »Ich setze nicht für Gold über. Doch für euer Geschenk will ich euch während der Fahrt eine kleine Geschichte erzählen ...:

Die Große Mutter
Unsere Welt begann, als die Große Mutter, die das All geboren hatte, ausatmete und so das Leben schuf. Aus ihrem Atem entstanden die Tiere, die kleinen und die großen. Die Große Mutter besah sich das Werk und hatte das Gefühl, es fehle noch etwas. Was das sein könnte, wusste sie aber nicht. Da sammelte sie ihren Atem und ließ ihn unendlich weit werden – und es entstanden die Sterne. Nun atmete sie tief aus, und mit diesem Atem entstanden die Menschen.

Kaum hatte er diese Worte gesprochen, waren sie schon am anderen Ufer. Sie bedankten sich beim Fährmann für die Überfahrt und die Geschichte und setzten ihren Weg fort, schweigend und ruhig atmend, jeder in seine Gedanken vertieft.

* * *

Unsere Atmung spiegelt unseren Zustand wider. Jedes Gefühl, jede Stimmung wirkt sich unmittelbar auf unsere Art zu atmen aus. Wenn du Angst hast, wird dein Atem eng. Wenn du wütend bist oder unter starker Anspannung stehst, stockt dir der Atem. Und in Augenblicken, da Stress und Hektik das Leben bestimmen, wird dein Atem automatisch schneller, flacher und unregelmäßiger.

In vielen spirituellen Kulturen wurde schon früh erkannt, wie bedeutsam der Atem für unsere seelische Entwicklung ist. Seelische Zustände wirken sich nicht nur auf den Atem aus, sondern unser Atem wirkt sich umgekehrt auch auf unsere seelischen Zustände aus. Mit anderen Worten: Du kannst deinen Atem nutzen – zum Beispiel, um dich zu entspannen, dich von belastenden Gefühlen zu befreien oder eben um einfach mal wieder »tief durchzuatmen« und inneren Raum zu schaffen.

Jeder Augenblick kann alles verändern. Mit jedem Atemzug hast du die Gelegenheit, loszulassen und still zu werden.
Den Atem weit werden zu lassen heißt,
den Geist weit werden zu lassen.
Ruhe im Atem führt zu Ruhe im Körper.
Ruhe im Körper führt zu Ruhe im Geist.
Ruhe im Geist führt zu Gelassenheit und Einsicht.

Im Yoga wird eine intensive, gründliche Atmung gelehrt. In der buddhistischen Tradition dient die achtsame Atembeobachtung als Grundlage für die Befreiung des Geistes aus den Fesseln der Geistesgifte Hass, Gier und Unwissenheit. Wenn dein Atem tiefer und ruhiger wird, wirst du dich nicht nur gelassener und unbeschwerter fühlen, sondern auch mehr Energie haben.

Es gibt zwei Wege, den Atem zu vertiefen und zu beruhigen: Auf dem Yoga-Weg übernimmst du die Kontrolle und »machst«, dass der Atem ruhiger wird. Auf dem buddhistischen Weg machst du gar nichts, sondern »lässt« den Atem von selbst tiefer und ruhiger werden, indem du ihn einfach nur wahrnimmst und achtsam begleitest. Letztere Methode impliziert allerdings auch, dass du vielleicht über lange Zeit (noch) nicht beobachten wirst, wie dein Atem ruhig wird. Du brauchst dazu also etwas Geduld – dafür wird eine harmonische Atemweise dir mit der Zeit zur zweiten Natur werden.

Beide Wege sind sehr hilfreich. Wir können uns für einen von ihnen entscheiden, sie abwechselnd einsetzen oder sie sogar behutsam miteinander kombinieren.

Das ganze Universum atmet. Durch achtsames Atmen verbindest du dich mit der Weite und dem Licht des Himmels in dir.

Ausatmen und loslassen

Setz dich aufrecht und entspannt hin und schließ die Augen. Komm zunächst ein wenig zur Ruhe. Lenk deine Achtsamkeit dann auf deinen Atemstrom – du kannst dazu die Hände auf deinen Bauch legen. Während du durch die Nase atmest, spürst du, wie sich die Bauchdecke beim Einatmen leicht dehnt und beim Ausatmen wieder entspannt. Erzwinge nichts. Beweg deinen Bauch nicht willentlich, sondern überlass deinem Atem die Führung. Wenn du einatmest, sei dir einfach nur bewusst, dass du gerade einatmest. Wenn du ausatmest, sei dir einfach nur bewusst, dass du gerade ausatmest. Bleib einige Minuten lang dabei zu beobachten, wie der Atem sanft »in den Bauch« ein- und wieder ausströmt. Beginne jetzt, dich auf das Ausatmen zu konzentrieren. Nutze jedes Ausatmen, um loszulassen. Atme alle körperlichen Spannungen und belastenden Gedanken aus und lass dich mit jedem Ausatmen in deine Mitte tragen. Dazu ist es nicht nötig, die Ausatmung willentlich zu verlängern; es genügt, darauf zu achten, wie die Atemluft entweicht. Wenn du willst, kannst du mit jedem Ausatmen das Wort »loslassen« denken.
Diese Übung kann – wenn du sie regelmäßig nutzt – deine Stimmung dauerhaft harmonisieren. Sie wird dir Heiterkeit, Leichtigkeit und innere Ruhe schenken. Fortschritte erreichst du dabei jedoch nicht mit Willenskraft, sondern einzig mit Geduld.

Offen bleiben

Pentho und Faris fühlten sich in der kleinen Welt zu Hause. Die Welt, aus der sie kamen, schien ihnen fast wie eine ferne Erinnerung. Warum sie überhaupt hierhergekommen waren, wussten sie noch, doch lag das alles so fern.

»Ich lebe gern hier!«, sagte Faris. »Das Gras hier ist das beste, das ich je gegessen habe.«

Da erklang leise die Stimme des Wächters: »Erinnert euch!«

Pentho hielt kurz inne, dann rief er: »Jetzt weiß ich es wieder! Die Bäume dieser Welt waren in unserer Welt Grashalme.«

Faris zog ein Gesicht. »Dann habe ich also früher Bäume gegessen. Diese Gewohnheit habe ich jetzt glücklicherweise abgelegt.«

»Alles ist Gewohnheit, alles ist nur Meinung«, tönte die Stimme des Wächters von überallher. »Seht genauer hin.«

Pentho hatte plötzlich eine Idee und warf sich zu Boden. Erschrocken rief Faris: »Was ist mit dir, Pentho? Bist du krank? Oder willst du dich jetzt auch ans Grasfressen gewöhnen?«

»Nein, Faris. Ich sehe nur genau hin, wie es der Wächter gesagt hat.« Seine Stimme wurde immer leiser und langsamer, während er den Grasboden vor sich genau betrachtete. »Du glaubst, dass du Gras isst, Faris?«, sagte er ganz leise.

»Ja, klar«, antwortete Faris. »Und warum flüsterst du so?«

»Sieh hin: Auch dieses Gras ist ein Wald in einer winzigen Welt!«

Nun sah auch Faris, dass dort Wälder, Seen und Berge waren.

»Ob wir auch in diese Welt gehen können?«, fragte er niemand Bestimmten, doch die Stimme des Wächters antwortete sogleich: »Habt ihr es vergessen? Erweitert euren Geist, und die Welt erweitert sich.«

Der Esel und der Fürstensohn sahen einander an und verstanden. Im nächsten Augenblick befanden sie sich in der noch kleineren Welt innerhalb der Miniaturwelt. Pentho fiel sogleich auf die Knie, sah sich das Gras an und wurde bleich.

»Es geht tatsächlich immer weiter, so wie es uns der Wächter anfangs gesagt hat …«, murmelte er.

Und die Stimme des Wächters klang von allen Seiten her. »Lasst eure Meinungen frei, und ihr werdet frei sein!«

* * *

Eine einfache Methode, mehr Raum zu schaffen und sich von Ballast zu befreien, besteht darin, entspannter mit seinen Meinungen umzugehen. Doch so leicht, wie das scheint, ist es leider nicht, denn an kaum etwas hängen Menschen so sehr wie an ihren eigenen Meinungen. Viele identifizieren sich sogar derart mit ihren Ansichten, dass sie glauben, sie selbst *wären* ihre Meinungen. Dann wird jeder Angriff auf unsere Meinung zu einem Angriff auf unser Weltbild und bringt uns aus der Fassung. Den Stress, der dadurch entsteht, fügen wir uns jedoch selbst zu.

Meinungen sind nicht in Stein gemeißelt. Indem du deine Meinung loslässt, gewinnst du an Gelassenheit und Weitsicht. Ebenso wie du wieder freier atmen kannst, wenn du beengende Kleidungsstücke ablegst, kannst du geistig wieder durchatmen, wenn du Meinungen fallen lässt, die dich zwingen, aus der immer gleichen Perspektive auf die Welt zu blicken.

Indem wir die Welt in Gut und Böse, Richtig und Falsch, Wertvoll und Wertlos einteilen und uns eine »feste Meinung« bilden, versuchen wir im Grunde nur, Ordnung zu schaffen. Doch je fester unser Standpunkt ist, je weniger offen wir sind, desto weniger Bewegungsfreiheit haben wir, und desto unflexibler und starrer werden wir.

> *»Erinnere dich, dass alles nur Meinung ist und dass es ganz in deiner Macht steht zu meinen, was immer du willst.«*
> Marc Aurel

In dem Wort »Meinung« steckt das Wort »mein«. *»Meine Meinung ist …«* – »Ich stehe zu *meiner* Meinung!« Mag sein, dass du dich mit deiner Meinung recht wohl fühlst. Oder dass du stolz auf sie bist. Vielleicht bist du sogar geneigt, erbittert für deine Meinung zu kämpfen. Immerhin gibt es ja sogar Leute, die darüber hinaus bereit sind, für ihre Meinung zu sterben. Aus weltlicher Sicht gibt es dafür vielleicht noch einigermaßen nachvollziehbare Gründe. Allerdings nur, wenn man mal davon absieht, dass andere Menschen andere Meinungen haben und man sich fragen muss, warum man sich selbst im Recht und die anderen im Unrecht glaubt.

Aus spiritueller Sicht sind Meinungen nur ein Ausdruck des Egos – ein »Egotrip« oder eine Form der Ichbezogenheit, geprägt von Eltern, Lehrern und der Gesellschaft, in der wir leben. Meinungen, Ansichten, Vorurteile und Glaubenssätze sind letztlich nur Gedankenkonstrukte. Durch sie beurteilen wir die Welt. Urteilen verhindert aber Offenheit und Achtsamkeit. Sobald diese Urteile oder Meinungen zur Last werden – und das geschieht früher oder später immer –, ist es daher eine gute Idee, sie einfach loszulassen und sich wieder neu zu öffnen.

> *»Nichts kann mehr zu einer Seelenruhe beitragen, als wenn man gar keine Meinung hat.«*
> Georg Christoph Lichtenberg

Nach oben schauen

»Immer weiter«, murmelte Faris ehrfürchtig, nachdem auch er sich auf die Knie niedergelassen und das Gras inspiziert hatte. »Ich glaube, mir wird schwindlig.«

»Ich glaube, ich habe Angst«, sagte Pentho. »Wie sollen wir wieder zurück in unsere Welt gelangen?«

Plötzlich stand der Wächter neben ihnen und lächelte. »Ein Mann lebte einst auf einem Berg. Sein ganzes Leben hatte er auf dem Berg verbracht. Doch eines Tages überkam ihn der Wunsch zu wissen, wie es wohl im Tal sei. So stieg er denn von seinem Berg hinab und betrachtete voller Staunen das Treiben der Talbewohner. Nun wollte er wissen, wie es wohl noch weiter unten im Lande sei. Und er stieg aus dem Gebirgstal hinab in die Niederungen des Flachlandes. Er zog eine Weile umher und besah sich die fremde Welt. Doch dann begann er, sich nach seinen Bergen zu sehnen. Er blickte nach rechts und nach links, nach vorn und nach hinten – doch nirgends sah er seine Berge, und er wurde sehr traurig.«

»So ein Esel!«, rief Pentho.

»Erlaube mal!«, sagte Faris empört. »Aber dumm war der Mann wohl. Warum blickte er nicht nach oben?«

»Alles ist Gewohnheit«, sagte der Wächter. »Auf dem Berg war er weit oben, und es gab nur im Herabblicken etwas zu sehen. Dann ging er ins Tal, den Blick nach unten gewandt. Von da aus wieder weiter hinab ins Flachland. Er hatte den Himmel vergessen, weil er nie in den Himmel geblickt hatte.«

»Ich glaube, ich hab's verstanden«, sagte Faris. »Wir müssen nach oben schauen, wenn wir in unsere Welt zurückwollen.«

»Aber ich sehe da nur den ganz normalen Himmel«, sagte Pentho.

»Seht genau hin!«, sprach der Wächter. »Mit euren Augen und mit euren Herzen.«

Und mit einem Mal standen Faris und Pentho und der Wächter wieder in dem Gärtchen hinter dem kleinen Tempel.

»Ist vielleicht auch unsere Welt nur ein kleiner Garten in einer größeren Welt?«, fragte Faris.

»Mir wird schwindlig«, sagte Pentho.
Und der Wächter sprach: »Es wird nun Zeit für euch, euren Weg weiterzugehen. Hier habt ihr alles gelernt, was ihr hier lernen könnt. Nun wird es euch nicht schwerfallen, den Tempel der Ewigen Freude zu erreichen.«

Plötzlich waren der Wächter, der kleine Tempel und der Garten verschwunden, und sie fanden sich auf einem schmalen Pfad wieder, der sich den Berg hinaufwand.

* * *

Unangenehme Gefühle und Gedanken entstehen oft dadurch, dass wir die Welt mit einem Tunnelblick betrachten. Während wir uns auf kleinste Ausschnitte konzentrieren – meist auch noch auf beunruhigende oder frustrierende –, entgehen uns die Farben des Lebens, die bunten Blumen am Wegesrand. Während unser Blick starr auf den Boden vor unseren Füßen gerichtet ist, übersehen wir das Licht und die Weite des Himmels über uns.

»Der Himmel ist nur für jene,
die an ihn denken.«
Joseph Joubert

Manchmal vergehen Wochen, ohne dass wir auch nur einmal länger in den Himmel schauen. Während wir unsere Sicht immer mehr einschränken, verlieren wir den Kontakt zur Natur, die uns umgibt. Daher möchten wir dich einladen, öfter einmal stehen zu bleiben oder das Fenster zu öffnen und nach oben zu schauen. Welche Farbe hat der Himmel? Scheint die Sonne? Gibt es Wolken? Und wenn ja – sind es viele oder wenige, große oder kleine? Kannst du Vögel sehen, Flugzeuge oder vielleicht sogar einen Heißluftballon?

Öffne deinen Blick, indem du ihn nach oben richtest. Und beobachte dabei auch, ob sich durch diese kurze Ausrichtung himmelwärts etwas in deinen Gedanken oder Gefühlen verändert, denn das ist sehr wahrscheinlich ...

2. Bleib gelassen und heiter, egal, was passiert

Menschen, die gelassen in sich ruhen und sich durch nichts aus der Fassung bringen lassen, trifft man selten. Wäre es anders, so gäbe es auf der Welt weniger Kriege. Vollkommen gelassen und gleichmütig zu sein ist ein Weg zu innerem Frieden. Durch Gelassenheit können wir die lichten Kräfte in uns wecken und uns unseres wahren Wesens bewusst werden. Und Gelassenheit hat noch viele andere Vorteile:

- Wenn du lernst, *gelassen zu leben*, wirst du dich wohler und glücklicher fühlen, entspannter sein und häufiger lächeln, statt dich zu ärgern.
- Wenn du lernst, *gelassener zu lieben*, werden deine Beziehungen wärmer und inniger werden, und du wirst auch freundlicher mit dir selbst umgehen.
- Wenn du lernst, *gelassen zu reagieren*, wirst du intelligentere Entscheidungen treffen und bessere Lösungen finden. Du wirst die Dinge klarer sehen können.
- Wenn du lernst, *gelassener zu planen und zu handeln*, wirst du herausfinden, welche Ziele wirklich wichtig für dich sind, und du wirst erfolgreicher und zufriedener sein.

Die Wanderer folgten dem Pfad. Es war nicht zu steil, bunte Blumen wuchsen am Wegesrand, und der Wald, der den Pfad säumte, sah warm und einladend aus.

»Jetzt kann es nicht mehr weit zum Tempel der Ewigen Freude sein«, sagte Faris.

»Hast du vergessen, dass wir sieben Wächtern begegnen sollen, bevor wir zum Tempel kommen?«, gab Pentho zu bedenken.

»Ach was«, sagte Faris fröhlich. »Öffne deinen Geist, spring über deinen engen Horizont, und sei doch ein bisschen optimistisch. Vielleicht haben wir beim ersten Wächter schon so viel gelernt, dass wir viel schneller vorankommen.«

Pentho schüttelte den Kopf. »Träum weiter!«

Sie waren schon ziemlich lange unterwegs, da blieb Faris plötzlich stehen. »Sieh mal, dieser Baumstumpf und die fünf Rosen: Ich bin mir sicher, hier waren wir schon einmal.«

Pentho sah sich um. »Verflixt«, sagte er. »Du hast recht. Wir sind im Kreis gelaufen!« Dann sah er etwas durch das Geäst. »Schau, Faris! Da steht ein komisches Haus im Wald. Das haben wir wohl übersehen.«

Sie gingen in den Wald, auf das Haus zu, das einem riesigen Fliegenpilz glich. Als sie sich diesem merkwürdigen Pilz näherten, öffnete sich eine Tür im Stamm des Pilzes und eine alte Frau mit vielen Lachfältchen begrüßte sie. »Willkommen, ihr Wanderer! Ich habe auf euch gewartet. Doch ihr seid fünf Mal an mir vorbeigelaufen.«

Pentho und Faris riefen wie im Chor: »Fünf Mal?«

Dann sagte Faris: »Bist du der zweite Wächter?«

Da lachte die Pilzfrau. »Ja, so könnte man es auch nennen. Aber vor allem wohne ich hier, und euer Weg führt nun einmal durch mein Haus.«

»Prima«, sagte Faris.

»Und dürfen wir durch dein Haus gehen?«, fragte Pentho.

»Aber natürlich!«, lachte die Pilzfrau, wandte sich um und ging in ihr Haus zurück, ohne die Tür zu schließen. Die Wanderer zögerten nicht lange und liefen durch die Tür, durch einen kurzen Gang und zur Hintertür hinaus. Und standen wieder dort, wo sie losgelaufen waren, vor der Tür des Pilzhauses.

Faris schüttelte den Kopf. »Das gibt's doch nicht. Lass es uns noch einmal versuchen.«

Nach dem dritten Versuch wurde Faris wütend. »Was für ein blöder Zauber!«, rief er.

Da trat die Pilzfrau wieder lächelnd aus dem Haus. »So geht das nicht, Kinder«, sagte sie. »Seid ihr nicht heiter und gelassen, werdet ihr immer wieder an derselben Stelle landen. Der Weg durchs Haus führt nur weiter, wenn man ihn mit heiterem und gelassenem Gemüt geht.«

* * *

»Alle guten Anlagen bedürfen
meiner Meinung nach der Übung,
besonders aber die Gelassenheit.«
Xenophon

Glaubst du, dass Gelassenheit angeboren oder nur etwas für besonders weise Menschen ist? Manchmal scheint es vielleicht so, tatsächlich aber liegt die Quelle der Gelassenheit tief verborgen in jedem von uns – auch in dir. Du musst sie nur wiederfinden, das ist alles.

Kultiviere Gelassenheit in deinem Geist, indem du öfter innehältst, indem du dir Zeit nimmst, tief durchzuatmen und der leisen Stimme in deinem Inneren zu lauschen, oder indem du dich dafür entscheidest zu lächeln, statt dich zu ärgern.

Du bist nicht die Blätter des Baums, die vom Wind davongetragen werden – du bist die Wurzeln, die fest in der Erde ruhen.

Wenn du erkennst, dass du gar nicht kämpfen musst, wenn du erkennst, dass niemand dich zwingen kann, mit Wut, Ärger, Enttäuschung oder Furcht zu reagieren, wenn du merkst, dass du alle Zeit der Welt hast, um zu tun, was du tun musst, dann stellt sich Gelassenheit ganz von selbst ein.

Grübeln –
dichter Nebel am klaren Himmel

Der Esel und der Fürstensohn saßen mit der Wächterin vor dem Pilzhaus. »... heiter und gelassen«, hatte die Pilzfrau gesagt. Aber das war nicht so einfach. Pentho und Faris waren eher verärgert und missgestimmt.

Die Pilzfrau schüttelte mitleidig den Kopf. »Was hindert euch denn daran, heiter und gelassen zu sein?«

»Dass wir nicht weiterkommen«, murmelte Pentho.

»Dass uns so ein alberner Zauber immer wieder zurückbringt«, sagte Faris hitzig.

Die Wächterin lachte und schüttelte den Kopf. »Ich erzähle euch mal eine kleine Geschichte, vielleicht beruhigt sie euch ...«

Das Nebelreich
Es ging die Sage in Gruebelia, dass es einst am Himmel Tausende funkelnder Juwelen gegeben habe. Es gab sogar ein besonderes Wort für diese Juwelen; die Alten hatten sie »Sterne« *genannt. Wer sie sah, sollte durch Staunen, Ehrfurcht und Freude verwandelt werden und Glückseligkeit erlangen. Ob das nur ein Märchen war oder ob die Sage doch einen wahren Kern hatte, das wusste niemand zu sagen. Aber die meisten Menschen glaubten daran, auch wenn sie es sich nicht vorzustellen vermochten, dass am Himmel Juwelen funkeln könnten. Der Himmel über Gruebelia war stets eintönig grau.*

Und das, obwohl die Menschen schon seit jeher Rituale vollführten, um die Himmelsjuwelen erscheinen zu lassen. Jeder fünfte Tag war den Sternen geweiht, und große Feuer wurden entflammt, damit die Flammen das Feuer der Sterne entzünden mögen. An jedem siebten Tag wurden in großen Kesseln Juwelen gekocht, damit der Juwelendampf die Juwelen des Himmels anzöge. Doch der graue Himmel blieb verblüffenderweise grau.

Ein junger Dichter, der sich noch mehr als alle anderen nach den Sternen sehnte, die er noch nie gesehen hatte, stellte sich eines Tages auf den Marktplatz und rief: »Lasst die Feuer schweigen, kocht keine Juwelen. Lasst das Feuer des Herzens und die Juwelen eures Geistes leuchten!«

Zunächst lachten die Leute, doch der junge Dichter sprach immer öfter und immer weiter, und nach einer Weile fand er einige Anhänger. Die zündeten keine Feuer an und ließen keine Juwelendämpfe aufsteigen, sondern saßen zusammen und erzählten sich gegenseitig Geschichten von den Himmelsjuwelen.

Der Himmel blieb grau. Doch die Zahl der Anhänger des Dichters wuchs stetig an, und als er nach vielen Jahren starb, waren fast alle Menschen in Gruebelia Verehrer des großen Dichters. Bald brannte kein einziges Sternenfeuer mehr und die heiligen Dampfkessel blieben kalt. Die Menschen waren fröhlicher als einst, obwohl der Himmel grau blieb. Dann und wann glaubten sie, dass sie eine kleine Veränderung im tristen Einerlei des Himmels bemerken konnten.

Eines Tages blickte ein Kind nach oben und sagte: »Ich habe einen Stern gesehen!« Und dieses Kind war nur der Anfang. Allmählich behaupteten immer mehr Menschen, sie hätten, insbesondere bei Nacht, etwas am Himmel glitzern sehen. Und bei Tage wäre der Himmel gefleckt gewesen; nicht nur in Grau, sondern in einer anderen unbekannten, aber wundervollen Farbe.

Ein paar Alte meinten, nun sei es höchste Zeit, wieder die heiligen Feuer zu entzünden. Doch niemand hörte auf sie, denn nun war der Himmel, für alle außer den Blinden sichtbar, tagsüber eindeutig anders gefärbt. Die Menschen nannten diese Farbe »Blau«, und es wurde ihre Lieblingsfarbe. Und des Nachts funkelten nun immer häufiger die Himmelsjuwelen und erfreuten die glücklichen Menschen von Gruebelia.

* * *

Gelassen zu bleiben ist schwierig, seine Gelassenheit zu verlieren hingegen sehr leicht. Jeder Tag bietet dazu tausend Gelegenheiten. Neben der schlechten Gewohnheit, bei jeder Kleinigkeit die Nerven zu verlieren, ist es vor allem unser Affengeist, der uns immer wieder die Ruhe raubt.

»Affengeist« ist ein Begriff aus dem Buddhismus, der sich auf unsere ungezogenen, wild umherspringenden Gedanken bezieht. Und die größte Affenhorde breitet sich dort aus, wo wir mehr oder weniger nutzlose Gedanken hin und her wälzen – oder mit anderen Worten: wo wir *grübeln*.

»Dies ist die einzige Pflicht auf Erden:
in Klarheit zu leben und ohne Grübeln.«
Fernando Pessoa

Grübeln wirkt sich auf zweierlei Weise fatal aus. Zum einen durch die Zerstreuung, die für Grübeln charakteristisch ist. Statt bei einem klaren Gedankengang zu bleiben, wechseln wir sprunghaft zwischen verschiedenen Themen hin und her und kommen vom Hundertsten ins Tausendste. Zweitens durch die Negativität: Wer grübelt, denkt nicht an Erfreuliches, sondern daran, wie schrecklich die Umstände sind, wie beängstigend die Zukunft ist, was alles Schlimmes passieren könnte, warum nichts einen Sinn hat oder worin man wieder einmal total versagte und so weiter.

Bevor du nun darüber nachgrübelst, dass du unbedingt mit dem Grübeln aufhören solltest, musst du wissen, dass Grübeln völlig normal ist. Menschen, die ihren Geist so weit zur Ruhe gebracht haben, dass sie sich keine unnötigen Gedanken mehr machen, gibt es nur sehr selten. Zudem hat es auch gar keinen Sinn, gegen seine Gedanken anzukämpfen, denn sie sind ein Teil von uns und dürfen ruhig da sein. Doch andererseits sollten wir ihnen auch die Möglichkeit bieten, sich wieder aufzulösen, indem wir lernen loszulassen ...

Beobachte deine Gedanken. Schau zu, wie der Strom von Vorstellungen, Erwartungen, Sorgen, Selbstgesprächen, Erinnerungen und Zukunftsprojektionen unaufhörlich durch dein Bewusstsein zieht. Richte deine Achtsamkeit entspannt darauf, so als würdest du Wolken am Himmel betrachten. Staune über die Fantasie deines Geistes. Aber ganz egal, was deine Gedanken dir erzählen – glaub ihnen nicht. Es sind nur Wolken. Der klare Himmel befindet sich eine Etage höher.

Die himmlischen Stufen der Gelassenheit

Faris schaute nachdenklich. »Bei deinem Märchen von den Himmelsjuwelen ist mir klar geworden, dass ich zu viel grüble und dass das Grübeln uns überhaupt nicht weiterbringt.«

Die Alte nickte. »Gut!«

»Ja, das Grübeln …«, sagte Pentho. »Das habe ich auch immer wieder. Aber es ist gar nicht so leicht, stets gelassen zu bleiben!«

Die Wächterin lächelte geheimnisvoll und sprach: »Wie viele Stufen führen zur Tür meines Hauses?«

»Fünf!«, riefen Faris und Pentho gleichzeitig.

»Genau«, sagte die Wächterin. »Und wisst ihr auch, dass die Stufen Namen haben?«

Faris wackelte mit den Ohren, und Pentho runzelte die Stirn.

»Ist das nicht etwas … seltsam?«, fragte Faris.

»Hat das Haus etwa auch einen Namen?«, fragte Pentho.

»Natürlich«, rief die Pilzfrau. »Es ist das ›Heim der heiteren Gelassenheit‹. Und die Stufen, die hineinführen, heißen ›Ruhe‹, ›Entspannung‹, ›Langsamkeit‹, ›Offenheit‹ und ›Klarheit‹.«

»Das sind aber schöne Namen«, sagte Faris ironisch.

Pentho hingegen blickte nachdenklich drein. »Und diese Stufen führen zur heiteren Gelassenheit …«

Faris sah ihn erstaunt an. »Du hast recht. Ich glaube, das sollte uns etwas sagen.«

* * *

Alles, was dir hilft, die Nerven zu bewahren, fördert die Gelassenheit. Alles, was dir hilft, dein Tempo zu drosseln und »runterzukommen«, trägt dazu bei, deiner inneren Ruhe mehr Raum zu geben.

Gelassene Menschen grübeln selten – ihre Lebenszeit ist ihnen dafür zu schade. Statt sich mit Sorgen und ruhelosen Gedanken zu belasten, lassen sie die Dinge auf sich zukommen und bleiben in ihrer Mitte. »Gelassen sein und seine Mitte bewahren« – das klingt ja schön und gut, aber wie stellt man das an? Natürlich gibt es kein Patentrezept, wohl aber einige förderliche Faktoren oder eben Stufen der Gelassenheit:

1. *Ruhe:* Zieh dich regelmäßig an Orte zurück, die dich den Lärm der Welt vergessen lassen. Ruh dich zwischendurch aus. Spring nicht auf jeden Zug auf, der vorbeirast. Pflege die Ruhe im Außen, aber bleib so oft wie möglich auch innerlich ruhig.
2. *Entspannung:* Entspannung hängt eng mit Ruhe zusammen. Wer in sich ruht, ist zugleich entspannt, und wer entspannt ist, fühlt sich automatisch ruhig. Am leichtesten ist es, beim Entspannen mit den Muskeln zu beginnen. Entspann deine Muskeln, entspann deinen Körper – zum Beispiel in der heißen Badewanne, in der Sauna, beim Yoga oder durch gezielte Techniken wie autogenes Training. Oder auch einfach nur auf dem Sofa. Sind die Muskeln entspannt, so entspannt sich auch der Geist.
3. *Langsamkeit, Entschleunigen:* »Entschleunigen« ist ein seltsames Wort, im Grunde ist damit aber nur gemeint, dass wir die Dinge langsamer angehen sollten. Solange wir wie eine Flipperkugel durch den Alltag sausen, wird Gelassenheit ein ferner Traum bleiben. Verlangsame einfach mal einige Tätigkeiten:

Spül das Geschirr in Zeitlupe, geh langsamer zum Bus, nimm dir mehr Zeit, um aus dem Bett aufzustehen, renn nicht gleich beim ersten Klingeln ans Telefon, oder übe, dich langsam und fließend zu bewegen, indem du Qi Gong oder Tai-Chi-Chuan lernst.

4. *Offenheit, Duldsamkeit:* Es ist eigentlich ganz einfach: Je weniger du dich aufregst und ärgerst, desto gelassener wirst du sein. Und je weniger Widerstand du gegen andere Menschen, andere Meinungen oder fremde Situationen aufbaust, desto weniger wirst du dich aufregen oder ärgern. Lass die anderen so sein, wie sie sind – du kannst sie ohnehin nicht ändern, denn das können nur sie selbst. Übe Toleranz, und bleib offen und mitfühlend, statt als unbezahlter »Richter« oder »Gutachter« durchs Leben zu laufen.

5. *Klarheit:* Gelassen zu sein heißt nicht, dass wir uns in dumpfe Couch-Potatoes verwandeln. Um wahre Gelassenheit zu entwickeln, muss unser Geist klar und weit sein. Wenn wir träge und nur halb da sind, können wir nicht zu kraftvoller Ruhe finden, geschweige denn das Licht des Himmels in uns entdecken. Nur wenn Gelassenheit mit Klarheit verbunden ist, entstehen Heiterkeit und Freude.

Gelassenheit musst du nicht »machen«. Sie blüht ganz von selbst in deinem Inneren auf, sobald du einen Schritt in den Hintergrund trittst und die Zügel loslässt.

Immer nur dieser eine Schritt

Pentho und Faris hatten es zur offensichtlichen Freude der Wächterin verstanden: Ruhe, Entspannung, Langsamkeit, Offenheit und Klarheit – mit diesen Kräften würden sie das Haus durchqueren können.

»R E L O K«, murmelte Faris, der versuchte, sich eine Eselsbrücke zu bauen. »R E L O K ... Mist – das ergibt keinen Sinn.«

Pentho hingegen war ganz still, aber es war ihm anzusehen, dass er sich sehr konzentrierte.

Die Wächterin kicherte erst leise, dann begann sie zu lachen.

»Jetzt hast du mich ganz herausgebracht«, beklagte sich Pentho.

Und Faris sagte: »So schaffen wir das nie.«

»Richtig«, meinte die Wächterin. »So wird das wohl nichts.«

»Genau!«, stimmte Faris zu. »Fünf Dinge gleichzeitig im Kopf zu behalten und dabei gelassen zu bleiben, das ist selbst für einen Esel nicht einfach.«

»Natürlich!«, sagte die Pilzfrau. »Für Menschen und für Esel ist es nicht gerade leicht, gleichzeitig fünf Schritte zu tun. Ihr macht es euch zu schwer. Tut nur einen Schritt nach dem anderen, und alles wird ganz einfach werden.«

* * *

»Multitasking« ist eine Illusion, das haben zahlreiche psychologische Tests gezeigt. Wenn du glaubst, dass du gleichzeitig eine SMS eintippen, Auto fahren und die Nachrichten im Radio verfolgen kannst, näherst du dich nicht nur einem Nervenzusammenbruch, sondern du täuschst dich auch: In Wahrheit kann unser Gehirn nicht mehrere Prozesse zur gleichen Zeit verarbeiten; stattdessen springt es blitzschnell zwischen ihnen hin und her. Leider klappt das nicht besonders gut, weshalb du umso wahrscheinlicher einen Unfall bauen wirst, je länger die SMS wird, die du tippst.

Du kannst nicht zwei Schritte auf einmal gehen, ohne auf die Nase zu fallen. Du kannst nicht gleichzeitig ein- und ausatmen. Aber eines kannst du jederzeit tun: zur selben Zeit nie mehr als eine Sache machen und ganz bei dieser einen Sache sein.

Geh stets nur einen Schritt nach dem anderen! Immer wenn du versuchst, mehreres auf einmal zu erledigen, erzeugst du Hektik. Während du dir das Telefon ans Ohr geklemmt hast, sortierst du die Einkäufe in den Kühlschrank. Während du am Computer Mails beantwortest, fällt dir ein, dass du mal den Wetterbericht fürs Wochenende checken wolltest, und klickst auf den Seiten hin und her.

Wenn du vielerlei auf einmal zu machen versuchst oder wenn du, während du eine Aufgabe erledigst, schon an die nächste denkst, wirst du zerstreut und unruhig. Statt deinen Geist zu sammeln, schwächst du so deine Konzentrationskraft. Zum einen werden deine Handlungen dadurch ineffektiver, zum anderen aber erzeugst du dadurch viel unnötigen Stress, was noch schlimmer ist.

Eine Sache ganz zu tun ist mehr als genug.

Nur eine Sache tun

Wähle drei einfache Dinge aus, die du heute im Lauf des Tages noch erledigen willst. Nimm dir jedoch vor, dich dabei jeweils ganz und gar auf das zu konzentrieren, was du tust, ohne dabei die Ruhe zu verlieren. Hier einige Beispiele:

- »E-Mails zu beantworten ist mehr als genug. Während ich gelassen meine Mails schreibe, gibt es für mich nichts, was im Moment wichtiger wäre.«
- »Nasse Wäsche aufzuhängen ist mehr als genug. Während ich gelassen die Wäsche aufhänge, gibt es für mich nichts, was im Moment wichtiger wäre.«
- »Auto zu fahren ist mehr als genug. Während ich gelassen Auto fahre, gibt es für mich nichts, was im Moment wichtiger wäre.«

Vergleichen und bewerten – das Ende der Gelassenheit

Pentho und Faris versuchten es noch einmal. *Ein Schritt nach dem anderen, das konnte doch so schwer nicht sein.*
»Ich frage mich, ob die anderen, die den Tempel der Ewigen Freude suchten, sich auch so dumm anstellten«, murmelte Faris.
»Ich weiß nicht, ob ich bereit bin. Ich fühle mich wie ein Versager. Und das macht mich nicht gerade heiter und gelassen«, sagte Pentho.
»Aber wenn du nicht gelassen bist, dann klappt es nicht!«, rief Faris.
Die Wächterin schüttelte den Kopf. »Ihr habt wirklich eine große Kunst daraus gemacht, es euch besonders schwer zu machen. Setzt euch mal hin. Ich möchte euch eine kleine Geschichte erzählen ...«

Der König und der Bettler
Der König, der über das Land herrschte, galt als gerecht und weise. Doch er war traurig. Hatte er nicht alle Bücher der Weisen studiert, und wusste er nicht ganz genau, dass er nicht so weise war wie jene? Er war auch nicht so tapfer wie die großen Helden der Geschichte, sein Reich war nur mittelgroß, seine Schatzkammer nur zur Hälfte gefüllt ... Alles in allem war er doch absolut mittelmäßig und unbedeutend.

Eines Abends fühlte er sich so niedergeschlagen und unwürdig, dass er seine Krone in den Kleiderschrank legte und sich einen verschlissenen alten Mantel überwarf und aus dem Schloss schlich. Als er durch die Straßen der Stadt wanderte, sah er Menschen, die lachten und scherzten, die Wein tranken und tanzten. Da fühlte er sich noch trauriger, da er ja nicht dazugehörte. Er setzte sich an einer Straßenecke nieder und fühlte sich elender denn je. Da trat ein alter Bettler zu ihm. »Nun, Freund«, sagte der Bettler. »Ich sehe, du fühlst dich nicht wohl. Aber sorg dich nicht – auch das geht vorbei.«
»Ach«, seufzte der König. »Ich bin ein Niemand ...«
Der Bettler lachte. »Ja, da hab ich's schon besser. Ich bin eigentlich ein König!«

»Du auch?«, hätte der König beinah gefragt, doch er wollte hören, was der Bettler zu sagen hatte, auch wenn er nicht ganz richtig im Kopf war. Immerhin schien er nicht unglücklich zu sein.

»Weißt du, was einen König ausmacht?«, fragte der Bettler und antwortete auch gleich selbst. »Er kann tun und lassen, was er will. Er arbeitet nicht hart und bekommt alles, was er braucht – und das trifft haargenau auf mich zu. Also bin ich eigentlich ein König!«

Der König hatte dem Bettler fasziniert gelauscht, und es war, als hätten ihm die Worte einen grauen Schleier von den Augen gezogen. Seine Traurigkeit hatte sich verflüchtigt, und ein glückliches Lächeln erschien auf seinem Gesicht.

»Mein Freund«, sprach der König zum Bettler. »Du bist weiser als der König. Ich danke dir für deine Worte!«

Er zog seinen Beutel mit Gold heraus und gab ihn dem Bettler. Dann eilte er zurück zum Schloss und regierte weiterhin gerecht und weise und mit einem glücklichen Lächeln auf den Lippen.

* * *

Ständig ordnen wir alles, was uns begegnet, in die Schubladen unserer persönlichen Vorlieben ein, wenn auch meist unbewusst. Wir sagen oder denken: »Gut« oder »Schlecht«, »Gefällt mir« oder »Gefällt mir nicht«, »Das darf so sein« oder »Das darf nicht so sein« und so weiter. Was uns gefällt, ist okay und macht keine Probleme – aber was ist mit den vielen Dingen, die uns nicht passen? Im besten Fall erzeugen sie Gleichgültigkeit, meist aber Abneigung und Widerstand. Manchmal führen sie auch zu handfesten Streitereien oder Frustration.

Wenn du wirklich gelassen werden und tief in dir ruhen willst, dann hör auf, zu bewerten und zu verurteilen. Nutze stattdessen ein machtvolles »Mantra der Gelassenheit«. Es lautet: »Es ist, wie es ist – kein Problem.«

Eine besonders unheilvolle Variante des Wertens ist das Vergleichen. Wenn du anfängst, dich mit anderen zu messen, ziehst du immer den Kürzeren, denn natürlich vergleichst du deine Stärken nicht mit ihren Schwächen, sondern umgekehrt: Du führst dir ihre Erfolge vor Augen, während du gleichzeitig an dein eigenes Scheitern denkst. Und das kostet dich nicht nur deine Gelassenheit – es nagt auch an deinem Selbstwertgefühl.

»*Das Vergleichen ist das Ende des Glücks und der Anfang der Unzufriedenheit.*«
Søren Kierkegaard

Es wird immer Leute geben, die reicher, attraktiver, sportlicher, intelligenter oder begabter sind als du – aber weißt du, was? Das ist vollkommen egal. Das Leben ist nämlich kein Wettrennen. Solange du dich mit dir selbst wohlfühlst, kannst du anderen ihre Erfolge neidlos zugestehen. Zugleich solltest du dir aber auch bewusst sein, dass jeder Mensch seine Probleme, Schwächen und dunklen Seiten hat – und gerade da, wo es am meisten glänzt, sieht es unter der goldenen Fassade meist recht düster aus.

Den inneren Schiedsrichter vom Platz verweisen

Wann immer du in deinen Gedanken Steigerungsformen entdeckst und zum Beispiel Wörter wie »besser«, »hübscher«, »erfolgreicher«, »mehr«, »schneller« oder Wendungen wie »nicht so ... wie«, »weniger als ...« entdeckst, solltest du innerlich »Stopp!« sagen.
Atme tief durch, bring deinen inneren Schiedsrichter zum Schweigen, entspann deine Schultern und sei einfach du selbst. Ebenso wie jeder Schmetterling, wie jeder Baum oder jede Wolke bist du einzigartig und unvergleichlich.

3. Folge dem Weg deines Herzens

> »Jesus rief ein Kind zu sich und stellte es
> mitten unter sie und sprach: ›Wahrlich, ich sage euch:
> Wenn ihr nicht umkehret und wie die Kinder werdet,
> so werdet ihr nicht eingehen in das Himmelreich.‹«
> Matthäus 18, 2–3

Als die Wächterin ihre Geschichte beendet hatte, erhob sie sich und ging zurück in das Pilzhaus. Pentho und Faris folgten ihr – sie stiegen die Stufen hinauf, gingen durch das Haus und traten auf der anderen Seite wieder hinaus. Nun konnten sie ihren Weg fortsetzen.

»Das war einfach«, sagte Faris.

»Ich bin gespannt, was uns als Nächstes erwartet«, sagte Pentho.

Sie waren kaum ein paar Schritte gegangen, da trat eine junge Frau in einem Gewand aus Blättern aus dem Wald auf den Pfad. Sie trat auf die beiden Wanderer zu und umarmte sie, und ein Gefühl der Wärme und Geborgenheit strömte in ihre Herzen.

»Bist du der dritte Wächter?«, flüsterte Pentho, ganz so, als ob er Angst hätte, ein lautes Wort könne diese Waldfrau vertreiben. Doch statt vertrieben zu werden, vertrieb sie mit ihrer Ausstrahlung gleich alle Ängste und Sorgen.

»Ein Wächter? Es kann schon sein, dass manche mich so nennen. Ich weiß davon nicht viel. Ich möchte euch nur ein Stück eures Weges begleiten.«

»Wohin bist du denn unterwegs?«, fragte Faris.

»Ich weiß es nicht«, lächelte sie. »Ich gehe, wohin mein Herz mich führt.«

Als Kinder können wir die Stimme unseres Herzens noch sehr deutlich hören. Später fällt uns das zunehmend schwerer, denn es scheint, als würde unsere »Herzensstimme« immer leiser werden und zuweilen sogar ganz verstummen. Das ist schade, denn nur wenn wir dem Ruf unseres Herzens folgen, können wir ein zufriedenes und sinnerfülltes Leben führen.

Warum ist es oft so schwer, sein Herz sprechen zu lassen? Weil wir zu intelligent sind? Wohl kaum: Künstler, Forscher, Dichter, Denker und etliche Genies haben immer wieder bewiesen, dass mentale und emotionale Intelligenz sich wunderbar ergänzen. Das Problem ist eher, dass wir verlernt haben zuzuhören.

Ein Partner, dem wir über längere Zeit nicht mehr zuhören, verwandelt sich schnell in einen Ex-Partner. Und ebenso wird die Stimme unseres Herzens verstummen, wenn wir nicht mehr bereit sind, ihr zu lauschen. Zum Glück können wir aber lernen, unser Herz wieder klarer wahrzunehmen – einfach dadurch, dass wir mehr Freude in unser Leben bringen.

Tu, was dir Freude bereitet

Obwohl Faris ganz von der beruhigenden, herzenswarmen Ausstrahlung der jungen Frau eingehüllt war, stieg doch eine Frage an die Oberfläche seines Bewusstseins. »Bei den anderen Wächtern sollten wir Aufgaben erfüllen.«

»Ja«, erinnerte sich Pentho. »Beim ersten Wächter haben wir gelernt, unseren Geist zu erweitern, und die Wächterin, die dann kam, lehrte uns, gelassen und heiter zu bleiben, was auch geschehen mag.«

Die Waldfrau nickte und lächelte. »Das sind sehr schöne und wertvolle Dinge.«

»Und was wirst du uns lehren?«, fragte Pentho.

Sie schüttelte belustigt den Kopf. »Ich gehe nur ein Stückchen mit euch auf eurem Weg. Und wenn ihr mögt, kann ich euch ein paar Geschichten erzählen.«

»O ja!«, rief Faris begeistert.

»Und uns werden keine Aufgaben gestellt?«, fragte Pentho. Die Wächterin lachte glockenhell. »Nein, mein Lieber. Ich weiß von keinen Aufgaben. Aber nun erzähle ich euch die Geschichte von Zauselbart und Wiedehopf.«

Zauselbart und Wiedehopf
Es waren einst zwei Brüder, die hatten Namen wie jeder andere auch – doch jeder nannte sie nur »*Zauselbart*« *und* »*Wiedehopf*«. *Zauselbart hatte einen struppigen, roten Bart, der ihm bis auf die Brust hing. Auch Wiedehopf hatte rotes Haar, aber auf dem Kopf, das stets nach oben stand.*

Jeder von ihnen hatte vom Vater einen kleinen Acker geerbt. Nicht sehr groß, aber auch nicht zu klein, sodass sie von den Früchten ihrer Arbeit leben konnten.

Nun unterschieden sich die Brüder nicht nur durch Bart und Haar, sondern sie waren auch grundverschiedener Wesensart. Zauselbart war fleißig und ernst. Er tat, was ein guter Bauer zu tun hat, damit die Ernte gut werde. Sein Bruder Wiedehopf hingegen war ein rechter Luftikus und immer fröhlich. Nicht, dass er ein Faulpelz gewesen wäre, das nicht. Aber er schien nie wirklich zu arbeiten, und wenn er arbeitete, sah es nicht danach aus. Ja, er war auf dem Feld – doch man sah ihn herumschlendern und singen, ganz so, als sänge er den Pflanzen etwas vor. Dann wieder blieb er an Tomatenstauden stehen und streichelte ihre Blätter. Ganz anders als sein Bruder, der sich mühte und plagte. Natürlich säte, pflügte und erntete auch Wiedehopf. Freilich erntete er weniger als sein Bruder; doch seine Tomaten waren glänzender und saftiger, seine Kartoffeln runder und schmackhafter, seine Kühe gaben fettere Milch ... Und da die reichen Leute aus der Stadt nur das Beste wollten und auch die höchsten Preise zahlten, war Wiedehopfs Geldbeutel praller gefüllt als der seines Bruders.

Als die Brüder eines Abends zusammensaßen, brach es schließlich aus Zauselbart hervor: »*Ich verstehe das nicht. Ich plage mich und* opfere mich auf. Wie kommt es, Bruder, dass deine Früchte, dein Gemüse und deine Milch besser geraten? Wenn du ein Geheimnis hast, ich bitte dich als Bruder: Verrat es mir.«

Wiedehopf sah ihn verwundert an. »Lieber Bruder, ich weiß von keinem Geheimnis. Es stimmt, ich plage mich nicht, sondern meine Arbeit macht mir Freude. Über jedes Pflänzchen freue ich mich; und dann singe ich ihnen Lieder, streichle ihre Blätter und stelle mir vor, dass sie das gern haben.« Er lachte. »Und ich glaube, sie haben mich auch gern, denn sie geben mir immer ihr Bestes!«

Zauselbart lachte, allerdings ein wenig bitter, denn er dachte bei sich, dass sein armer Bruder doch ein wenig verschroben und nicht ganz richtig im Kopf sei. Und er plagte sich wie eh und je bei seiner Arbeit.

Auch Wiedehopf machte weiter wie immer. Er tat, was er tat, mit Lust und Freude. Und die Tomaten, die Kartoffeln und die Kühe machten es ebenso wie bisher: Sie freuten sich über Wiedehopfs Lachen, Liebe und Liebkosungen und wuchsen gesund und kräftig heran, denn das war, was sie gern taten.

»Auch wenn wir nur Gemüse sind«, riefen die Kartoffeln, »so sind wir doch nicht blöd!«, und zwinkerten den Tomaten zu, die ganz rot wurden.

* * *

Wenn wir immer nur versuchen, unsere To-do-Listen abzuhaken und möglichst optimal zu funktionieren, vergessen wir dabei leicht unsere emotionalen Bedürfnisse. Es spricht ja nichts dagegen, gut organisiert zu sein und seine Aufgaben zu erledigen – nur darf sich das Ganze nicht in eine freudlose Angelegenheit verwandeln. Ohne Freude wird der Alltag immer grauer und eintöniger, und das fühlt sich sehr unerfreulich an.

Wenn du lernen willst zu hören, wohin dein Herz dich zieht, solltest du damit beginnen, deiner Lebenslust und deiner Lebensfreude zu folgen.

1. Freude finden

Der griechische Philosoph Epikur meinte, dass wir nicht vernünftig leben können, ohne zugleich auch lustvoll zu leben. Versuche einmal herauszufinden, was du wirklich gern tust. Bei welchen Tätigkeiten oder Menschen geht dir das Herz auf? Wohin zieht es dich, wenn du deinem Wohlbefinden und deiner Lust folgst? Es gibt viele Möglichkeiten, seine Freude im Alltag zu entdecken. Beispielsweise während du dich mit einer guten Freundin auf einen Cappuccino triffst, in die Sauna gehst, ein schönes Buch liest, eine Kurzreise machst, eine heiße Dusche nimmst, jemandem eine Freude bereitest, eine Runde Federball spielst oder einfach mal eine Pause einlegst, um ein paar Minuten achtsam zu atmen.

2. Freude schaffen

Kaffee trinken zu gehen macht sicher mehr Spaß, als den Keller aufzuräumen. Dennoch würdest du dich wahrscheinlich wundern, wie viele vermeintlich lästige Dinge wir auch mit Freude tun können, wenn wir uns nur dafür entscheiden. Gefühle und Vorlieben sind nämlich nicht so sehr eine Sache des Schicksals, sondern können verändert werden.

Du kannst mehr Freude in dein Leben zaubern, indem du öfter Dinge tust, die dir wirklich Freude bereiten. Darüber hinaus kannst du aber eben auch Aufgaben, die du ungern übernimmst, öfter mit Freude erledigen. Unmöglich? Das nicht, aber zugegebenermaßen schwierig. Beginnen wir daher mit einem Zwischenschritt:

Wähle in nächster Zeit ein paar Tätigkeiten aus, die du weder mit großer Abneigung noch mit Begeisterung, sondern eher oberflächlich und automatisch tust. Am besten eignen sich einfache Betätigungen wie das Zähneputzen, Duschen oder Einkaufen. Versuch jetzt, diese kleinen »Aufgaben« mit mehr Freude zu machen. Sag innerlich Ja zu ihnen, führ sie achtsam aus, und »steck zugleich ein wenig positive Energie hinein«. Halt dich aufrecht, statt dich hängen zu lassen. Lächle, statt ein verkniffenes Gesicht zu machen. Sieh's mit Humor, statt dich selbst zu ernst zu nehmen. Und egal, was es ist – finde mindestens einen Grund, warum du das, was du ohnehin tun musst, ebenso gut auch gern tun kannst.

»Ein Licht, das von innen her leuchtet,
kann niemand löschen.«
Aus Kuba

Die Ziele deines Herzens

Sobald du anfängst, deiner wahren Natur zu folgen, wird dein Leben ganz einfach werden. Dann wirst du nicht mehr darüber nachgrübeln müssen, was du machen oder »werden« sollst. Damit das aber gelingen kann, musst du herausfinden, was deine Herzensziele sind.

Sind deine Ziele wirklich deine eigenen? Oder verfolgst du Ziele, die dir durch deine Eltern, deinen Partner oder die Gesellschaft und die Medien vorgegeben wurden?
Wenn wir aus Angst handeln, wenn wir die Bedürfnisse anderer erfüllen oder nur Anerkennung oder finanzielle Sicherheit suchen, werden wir viel Energie verlieren und am Ende frustriert sein. Finde deine Herzensziele – das ist der einzige Weg, der zu Freiheit und Unabhängigkeit führt.

Der Herzensziel-Test

Herzensziele sind oft tief verborgene Möglichkeiten und tauchen häufig als »geheime Wünsche« auf. Denk an eine Sache, die du wirklich gern erreichen möchtest. Ob dieses Ziel tatsächlich ein Herzensziel ist, kannst du leicht herausfinden: Mach es dir bequem und überprüf dann folgende fünf Punkte. Je öfter du mit Ja antworten kannst, desto wahrscheinlicher ist es, dass es sich um ein echtes Herzensziel handelt:

1. Wird sich dein Leben dadurch, dass du dein Ziel verfolgst, auf positive Weise verändern?
2. Kannst du aktiv dazu beitragen, dein Ziel zu erreichen, statt dir nur passiv etwas zu wünschen?
3. Stell dir möglichst farbig vor, du hättest dein Ziel schon erreicht. Fühlst du dich in der Situation glücklich, zufrieden und innerlich erfüllt?
4. Kannst du auf dem Weg zu deinem Ziel Fähigkeiten oder Qualitäten entwickeln? Wirst du an den Aufgaben wachsen, die sich dir dabei stellen werden?
5. Hörst du eine leise (oder vielleicht sogar laute) Stimme in dir, die dich dazu animieren will, dich endlich auf den Weg zu machen? Sagt dein Bauch Ja? Sagt dein Herz Ja?

Mitgefühl entwickeln

Lilli, so hieß die Wächterin aus dem Wald, war eine großartige Reisegefährtin. Pentho und Faris genossen ihre Gesellschaft. Sie mussten über nichts nachdenken und keine Aufgaben erfüllen. Lilli war, obwohl sie jünger schien als Pentho, wie eine liebevolle Mutter; und die Geschichten, die sie ihnen erzählte, waren oft so lustig, dass es ihnen Tränen des Lachens in die Augen trieb. Andere waren ernster ...

Das Eisen-Herz
Im großen Wald lebte einst ein armer Holzfäller namens Franz, dem war der Vater gestorben; und so musste er, obwohl fast noch selbst ein Kind, für seine kranke Mutter sorgen. Er klagte nicht über sein Los und war im Grunde recht glücklich; nur wenn er manchmal nach getaner Arbeit erschöpft seine Mutter versorgt hatte und im Bett lag, träumte er dann und wann von Reichtum und Ehre. Wäre er doch der Gastwirt – oder gar der Bürgermeister! Aber es half ja nichts. Im Gegenteil. Je öfter er von Reichtum und Ehre träumte, desto unzufriedener wurde er und schmiedete verzweifelte Pläne.

Tief im Wald, so hieß es, lebte ein Zauberer, der auch die größten Wünsche erfüllen konnte. Niemand wusste genau, wer ihn bereits aufgesucht hatte, was er bekam und welchen Preis er zahlen musste. Denn ganz sicher erfüllte der Zauberer nicht aus Herzensgüte Wünsche. Im Gegenteil, man munkelte, dass er grausam und herzlos sei. Drei Bürger des Dorfes hatten ihn wohl mindestens aufgesucht: die Tanz-Marie, die allen Männern den Kopf verdrehte, aber keinen liebte, der geizige Goldschmied, von dem man sagte, dass er ungeheure Schätze horte, und der Wein-Joschi, der nichts tat, als Wein zu trinken und Karten zu spielen, dem aber nie das Gold oder das Glück beim Spiel auszugehen schien.

Niemand konnte diese drei leiden, und man tuschelte, dass sie ihre Herzen dem Zauberer verkauft hätten.

»Das ist doch Unsinn«, dachte sich der junge Franz. »Ohne Herz

kann ein Mensch ja nicht leben. Die Leute sind nur neidisch.« Und so nahm er schließlich allen Mut zusammen und fragte den Wein-Joschi, was er denn vom Zauberer wisse.

Der lachte schief und sagte: »Möchtest wohl reich sein, Bürschchen? Oder den Mädchen imponieren? Oder, wie ich, jedes Spiel gewinnen? Nun, wenn du mutig bist, dann geh in drei Tagen, wenn Vollmond ist, in die Mitte des Waldes zur alten Burgruine, und ruf drei Mal: ›Herz für Gold!‹ Und jetzt lass mich in Frieden, elender Hungerleider.«

Drei Tage lang machte sich Franz Gedanken, ob er es wagen sollte. Doch in der Vollmondnacht begab er sich auf den Weg in den Wald. Gar unheimlich war ihm zumute, aber er biss die Zähne zusammen. An der Burgruine angekommen, zögerte er noch einmal. War es denn recht, was er tat? Aber er tat ja nichts Verbotenes oder Ungehöriges.

Er rief: »Herz für Gold! Herz für Gold! Herz für Gold!«, und da stand auch schon der Zauberer vor ihm, uralt, riesengroß und mit blutunterlaufenen Augen.

»Gold willst du also!«, rief der Zauberer. Der junge Holzfäller nickte nur schwach.

»Nun, so sei es!« Der Zauberer griff in Franzens Brust, als ob es Wasser wäre, und nahm das Herz heraus. Dann holte er aus seiner Manteltasche ein Herz aus Eisen und setzte es in die Brust des zu Tode verängstigten jungen Mannes. »Nun hast du ein Herz aus Eisen, das schmerzt nicht!«

Der Jüngling hatte auf einmal gar keine Angst mehr und lachte. »Ja, das ist wohl fein. Aber was ist mit dem Gold?«

»Das ist nun einfach: Für jede Träne, die jemand deinetwegen weint, findest du einen schweren Goldtaler in deiner Tasche.« Er lachte hämisch, drehte sich im Kreis und war verschwunden.

Der junge Holzfäller ging nach Hause; und als seine Mutter, die sich um ihn sorgte, fragte, was er zu so später Stunde im Wald zu schaffen habe, antwortete er nur barsch: »Lass mich in Ruhe. Ich werde bald reich sein, und dann hört das Gejammere vielleicht einmal auf.«

Und plötzlich wurden seine Taschen schwer. Er fasste hinein und zog eine Handvoll Goldstücke heraus, während seine Mutter in ihrem Bett weinte. Als er das bemerkte, rief er ihr noch ein paar böse Worte hinterher und freute sich über das zusätzliche Gold.

Schnell wurde er reich. Früher hatten alle den jungen Holzfäller gemocht, denn er war arm, aber freundlich zu allen, und jeder lobte ihn, dass er für seine kranke Mutter sorgte. Nun aber fürchteten ihn die Menschen. Wenn einer ihn nur ein wenig schief ansah, ja schon wenn er nur glaubte, einer hätte ihn scheel angesehen, spielte er ihm grausame Streiche; manchmal bezahlte er auch raue Gesellen, um die, die ihn ärgerten, nach Strich und Faden zu verprügeln. Ihn kostete das nichts – denn die Tränen, die die Geprügelten vergossen, landeten wiederum als Gold in seinen Taschen. Als ihn der Gastwirt nicht mehr in die Schenke lassen wollte, kaufte er sie kurzerhand und setzte den Wirt mit seiner ganzen Familie vor die Tür. Und auch ihre Tränen brachten ihm ein erkleckliches Sümmchen ein.

Nach einer Weile merkte er, dass ihm etwas fehlte. Jeder kleine Handwerker hatte eine Frau. Auch er wollte nun heiraten. Er wusste auch schon, wen: die hübsche und gütige Tochter des Bürgermeisters, die Anna. Doch als er um sie warb, sah sie ihn nur voller Mitleid an und sprach: »Ach, Franz! Ich kann niemanden heiraten, der kein warmes Herz hat.«

Da wurde er sehr zornig, doch er brachte kein Wort heraus und ging. Erst sann er auf Rache, doch dann dachte er, dass er Anna dadurch auch nicht gewönne. »Es stimmt ja«, sagte er bei sich. »Mein Herz aus Eisen ist nicht warm.«

Tag und Nacht dachte er an Anna, doch sein Herz wurde nicht warm, da es ja aus kaltem Metall war. Seine Gedanken kreisten dennoch nur um des Bürgermeisters Tochter. Und wenn er an Anna dachte, konnte er nicht grausam sein. Ganz allmählich begann sich sein eisernes Herz zu erwärmen. Da ward er all der Tränen gewärtig, die ihn reich gemacht hatten, und ihm wurde ganz eigenartig zumute. Sein Herz erwärmte sich dabei immer mehr und wurde schließlich so heiß, dass es ihm in der Brust wehtat. Nicht so sehr wegen der

Schmerzen, sondern wegen der vielen Menschen, die er ins Unglück gestürzt hatte, begann er zu weinen. Erst einzelne Tränen, dann flossen ganze Bäche seine Wangen hinab.

Er gab das Gold, das er gewonnen hatte, den Armen und denen, die er grausam behandelt hatte. Und wieder mussten die Menschen weinen, diesmal aber Tränen der Freude. Doch auch diese Tränen vermehrten sein Gold. Obwohl er alles gab, bekam er immer mehr. Sein metallenes Herz jedoch schmolz, und ein neues, menschliches wuchs an seiner Stelle. Schließlich heiratete er doch noch seine Anna – und sein neues Herz begann zu schlagen.

In dieser Nacht vernahm man um Mitternacht tief im Wald einen Schrei – und als sich am folgenden Tag einige Mutige zur alten Ruine wagten, fanden sie dort eine glühende eiserne Statue des bösen Zauberers, der fortan keines Menschen Herz mehr raubte.

* * *

Wenn du den Weg des Herzens gehen willst, gibt es eine einfache Abkürzung: Entwickle Mitgefühl und Güte für andere und dich selbst.

Mitgefühl und Güte sind wie zwei Flügel, mit denen du dich weit über die Dunkelheit, Oberflächlichkeit und Gleichgültigkeit erheben kannst, die unser Leben oft so sinnlos erscheinen lassen. Die einfachste Möglichkeit, dich selbst und andere glücklich zu machen, besteht darin, mitfühlender und gütiger zu sein.

Kannst du dein Herz öffnen und lieben? Und mit »lieben« meinen wir hier natürlich nicht die romantische oder die Liebe zu deinem Auto oder der neuen Handtasche. Die heilende Kraft der Liebe entfaltet sich nur, wo sie frei von Egoismus und Begierden ist. Kannst du also selbstlos lieben – ohne dabei eigene Vorteile zu verfolgen? Kannst du vollkommen wehrlos lieben, ohne etwas zurückzufordern?

Wissenschaftliche Studien zeigen, dass Mitgefühl uns gesünder macht und Stress deutlich reduziert. Doch um zu erkennen, dass wir glücklicher und entspannter sind, wenn wir mitfühlend mit unseren Mitmenschen umgehen, brauchen wir keine Studien. Und auch nicht, um herauszufinden, wie positiv unsere Umwelt auf Mitgefühl und Güte reagiert.

> *»Es braucht weder Tempel*
> *noch komplizierte Philosophien.*
> *Unser eigener Geist, unser eigenes Herz*
> *ist unser Tempel;*
> *und die Philosophie ist die Güte.«*
> Dalai Lama

Nur Mitgefühl kann wirkliche Nähe schaffen. Der vietnamesische Mönch Thich Nhat Hanh hat den Begriff »Interbeing« geprägt; er besagt, dass alle Wesen eng miteinander verbunden, ja mehr noch – ineinander verwoben sind. Doch wie können wir das erkennen? Wie können wir Jesu Aufforderung »Liebe deinen Nächsten wie dich selbst« in die Tat umsetzen?

Dazu müssen wir tiefes Verständnis entwickeln. Das ist schwierig, denn das Verhalten einiger Menschen können wir einfach nicht tolerieren, und manchmal verstehen wir nicht auf Anhieb, warum andere sich auf der Suche nach Glück auf gefährliche oder rücksichtslose Irrwege begeben. Doch auch wenn wir nicht gutheißen, was andere tun, sollten wir immer bedenken, dass jeder von uns, selbst der übelste Schurke, im Grunde nur eines will – glücklich, geborgen und frei von Leiden sein!

> *»Weder das Genie noch der Ruhm*
> *oder die Liebe sind es, die die Größe der*
> *menschlichen Seele widerspiegeln,*
> *sondern die Güte.«*
> Jean Baptiste Henri Lacordaire

Mitgefühl pflegen

Ebenso wie Achtsamkeit oder Gelassenheit lässt sich auch Mitgefühl gezielt entwickeln. Zum einen, indem wir mitfühlender handeln – also beispielsweise versuchen, freundlicher auf andere zuzugehen, genauer zuzuhören, unsere Hilfe anzubieten oder jemandem beizustehen, dem es schlecht geht. Doch es gibt auch Methoden, die uns dabei helfen, unser Mitgefühl gezielt zu kultivieren, wie etwa die folgende, die aus dem Buddhismus stammt. Wann immer du jemanden triffst oder auch wenn du über einen anderen (vielleicht schwierigen) Menschen nachdenkst, solltest du deine Gedanken durch fünf Schritte führen. Sag dir dazu:

1. »Ebenso wie ich sucht auch dieser Mensch in seinem Leben nach Glück und Zufriedenheit.«
2. »Ebenso wie ich versucht auch dieser Mensch, dem Leiden zu entfliehen.«
3. »Ebenso wie ich kennt auch dieser Mensch Verzweiflung, Einsamkeit, Niedergeschlagenheit und Angst.«
4. »Ebenso wie ich sehnt auch dieser Mensch sich danach, seine Wünsche zu erfüllen.«
5. »Ebenso wie ich wird auch dieser Mensch in seinem Leben Erfahrungen machen und sich weiterentwickeln.«

Mitfühlend mit sich selbst umgehen

Pentho und Faris waren eine Weile schweigend gegangen. Die Geschichte vom eisernen Herzen hatte sie nachdenklich gestimmt. Lilli, die Wächterin, begleitete sie nach wie vor, sie lächelte ruhig, strahlte Warmherzigkeit aus, und sie ließ die beiden Wanderer nachdenken.

Schließlich brach Pentho das Schweigen: »Ich glaube, ich denke zu viel an mich.«

»Ich nicht«, sagte Faris. »Ich denke zu viel an mich.«

Pentho stutzte kurz, schüttelte dann den Kopf und lächelte ein wenig gequält.

Lilli lachte. »Wenn du ein Haus hast, das du nie verlässt, bist du ein Gefangener.«

Pentho und Faris nickten.

»Doch wenn du ein Haus hast, das du nicht betreten und in dem du dich nicht zu Hause fühlen kannst, dann bist du fürwahr obdachlos.«

* * *

Solange du dich selbst nicht respektierst,
kannst du auch anderen nicht mit Respekt begegnen.
Solange du dich selbst nicht liebevoll annimmst,
kannst du auch andere nicht wirklich lieben.

Einen großen Teil unserer Probleme verursachen wir selbst, indem wir uns negativ bewerten und verurteilen. Schuldgefühle, Scham, das Gefühl, nicht zu taugen, minderwertig oder »nicht gut genug« zu sein – das alles rührt daher, dass wir uns selbst oder zumindest einen Teil von uns nicht mögen und ablehnen. Gegen diese Krankheit ist Selbstmitgefühl das beste aller Heilmittel. Selbstmitgefühl ist die Fähigkeit, Frieden mit sich selbst zu schließen und die inneren Kämpfe zu beenden.

Jeder Tag bietet dir viele Gelegenheiten, um freundlicher mit dir selbst umzugehen. Achtsamkeit ermöglicht es dir, dich in jeder Situation gelassen selbst zu beobachten. Dabei werden dir natürlich auch deine Schwächen, Probleme und Fehler auffallen; doch das ist kein Problem, denn schließlich hat jeder Mensch Schwächen und Fehler. Es gibt also keinen Grund, dich selbst zu verurteilen. Mit Selbstmitgefühl fällt es dir leicht, der eigenen Person gegenüber ein Auge zuzudrücken. Indem du entspannt und verständnisvoll bleibst, wirst du Frieden mit dem wichtigsten Menschen in deinem Leben schließen – mit dir selbst!

»Wer aber leicht werden will und ein Vogel,
der muss sich selber lieben.«
Friedrich Wilhelm Nietzsche

Stell dir vor, du wärest dein eigener Freund, deine eigene Freundin. Würdest du dich da anschreien, dir immer wieder vor Augen führen, wie furchtbar du aussiehst oder wie unmöglich du dich verhältst? Oder würdest du dich nicht vielmehr unterstützen und trösten, gerade auch dann, wenn mal einiges in deinem Leben schiefläuft? Wie würdest du mit dir sprechen, wenn du deine beste Freundin wärst? Aggressiv, spöttisch und ungeduldig – oder eher freundlich, sanft und verständnisvoll?

Was immer auch geschehen sein mag, vergib dir selbst. Was immer dich an dir selbst stören mag, akzeptiere es –
es ist ein Teil von dir.
Wenn du Mitgefühl für andere entwickeln und lernen willst, die Welt zu umarmen, dann liebe dich selbst. Umarme dich selbst.

»Werde mehr und mehr ganz du selbst,
und schließlich wird die ganze Welt
sich in dich verlieben.«
Zen-Weisheit

Achtsame Selbstliebe kultivieren

Selbstmitgefühl ist keine Glückssache – wenn es dir wichtig ist, mehr Weite und Mitgefühl in dir zu entwickeln, musst du dich darum bemühen. Es genügt, dabei auf Folgendes zu achten:

- Sei dir bewusst, dass es ganz normal ist, Fehler zu machen. Niemand muss perfekt sein – auch du nicht.
Achte mehr auf deine Bedürfnisse. Folge deiner Lust, folge deinem Herzen.
- Fang an, dir selbst besser zuzuhören. Vor allem in schwierigen Zeiten solltest du nach innen hören – nicht, um dir selbst Ratschläge zu geben, sondern um dich besser wahrzunehmen und dich zu spüren. Frustriert oder traurig zu sein ist kein Problem, aber Trauer oder Frust zu überhören, kann irgendwann zu einem großen Problem werden.
- Sorge gut für dich. Frag dich, was dir guttut und was du wirklich brauchst. Finde aber auch heraus, was dir schadet und dir deine Energien raubt.
- Der Ton macht die Musik. Achte auf die Art und Weise, wie du mit dir selbst sprichst. Wie ist dein inneres Gesprächsklima? Versuche, mitfühlend mit dir selbst zu sprechen, statt dich abzuwerten. Versuche, freundlich zu deinem inneren Kind zu sprechen, statt dich schlechtzumachen.
- Und schließlich: Gib dir die Erlaubnis, so zu sein, wie du bist – ohne Wenn und Aber.

Auf seine Gefühle hören

Die Wanderer waren bester Laune. Die Kunst des Selbstmitgefühls, die Lilli sie gelehrt hatte, war etwas wirklich Gutes. Als der Pfad aus dem Wald führte, lag ein klarer Bergsee vor ihnen, in dem sich der Himmel spiegelte. Pentho und Faris dachten, dass dies ein vollkommener Tag sei, bis Lilli sagte: »Meine lieben Freunde, hier trennen sich unsere Wege. Ich bin mir sicher, ihr werdet nun bald den Tempel der Ewigen Freude erreichen.«

»Kannst du uns nicht noch ein Stückchen begleiten?«, bat Pentho, der sich ein wenig in Lilli verliebt hatte, und auch Faris sah sie bittend an.

Sie lachte ihr glockenklares Lachen. »Nein, das geht nicht. Aber setzt euch. Ich erzähle euch zum Abschied noch eine kleine Geschichte.«

Der dumme und der kluge August

Gar nicht weit vom heiligen Berg gibt es ein kleines Dorf. Dort lebten einst zwei Männer, die sich glichen wie ein Ei dem anderen, obwohl sie nicht miteinander verwandt waren. Und beide hießen August.

Das war es aber auch schon, was sie gemeinsam hatten. Der eine August war schlau und wusste fast alles, der andere war einfältig und wusste nichts.

Als Kathie, die Tochter des Bürgermeisters, eines Tages verschwunden war, während sie mit ihren Freundinnen Blumen für die Kränze zum Mittsommerfest gesammelt hatte, machten sich die Männer des Dorfes auf die Suche. Der kluge August hatte sich schon eine Strategie ersonnen. Zunächst sollten die Männer Waffen bei sich tragen, und sei es auch nur ein Dreschflegel, falls ein Bär, ein Wolf oder ein Unhold das Mädchen geraubt hatte. Sodann sollten immer zwei gemeinsam gehen, damit sie nichts übersahen und sich gegenseitig schützen konnten. Der kluge August hatte auch einen Plan gezeichnet, der genau angab, wer wo suchen sollte. Er hatte sich überlegt, dass ein Kommando abgestellt würde, das sie auf der Suche mit Essen und Getränken versorgte und Nachrichten übermittelte.

Gerade als sie aufbrechen wollten, kam überraschend der dumme August mit dem Mädchen an der Hand herbei, und beide lachten miteinander, als sei gar nichts geschehen. Die Mutter schloss ihr Kind in die Arme, und der dumme August wurde mit Fragen bestürmt: Wie hatte er nur die Kleine gefunden? »Ach«, sagte dieser verlegen, »ich mag ja einfältig sein und nicht viel wissen. Doch weiß ich, wo die schönsten Blumen wachsen – und auch die kleine Kathie hat Blumen gesucht. Und da bin ich eben hinter die Friedhofsmauer gegangen und habe sie dort gefunden. Sie schlief. Ich hatte da so ein Gefühl ...«

Der Weg des Herzens führt zu innerer Klarheit, Offenheit und Gelassenheit. Auf diesem Weg spielen unsere Empfindungen naturgemäß eine wichtige Rolle, denn was wäre ein Herz ohne Gefühle? Auf den ersten Blick scheinen sie wenig mit Qualitäten wie Klarheit und Gelassenheit zu tun zu haben, doch wie so oft täuscht der erste Blick. Nur wenn wir Frieden mit unseren Gefühlen schließen können – und zwar auch mit den schwierigen –, werden wir frei und können schließlich ganz in unserer Mitte ruhen.

Leben heißt fühlen. Ohne Gefühle wären wir entweder Roboter oder tot. Deine Gefühle machen dich aber nicht nur lebendig, sie sind auch wichtige Boten, die dir einiges über dich verraten können. Deshalb solltest du Gefühle auch nie verdrängen – eines aber solltest du dafür sehr wohl tun: Hör ihnen gut zu.

Gefühle sind unberechenbar, und Unkalkulierbares ist den meisten von uns nicht ganz geheuer. Kein Wunder also, dass so viele Menschen entweder Angst vor ihren eigenen Gefühlen haben oder sie aber so lange unterdrücken, bis sie sie irgendwann kaum noch spüren können.

Dabei sind Gefühle kein Problem. Sie sind keine Krankheit, sondern einfach nur Ausdruck deiner Lebendigkeit von Augenblick zu Augenblick. Es gibt weder »richtige« noch »falsche« Gefühle. Sicher – manchmal sind Gefühle sehr schön und angenehm und manchmal beunruhigend und unangenehm. Doch auch wenn Wut, Traurigkeit, Angst oder Unsicherheit in dir aufsteigen, solltest du die »Botschafter deiner Seele« willkommen heißen. Lad sie herzlich ein. Lass sie eintreten, und lausche, was sie dir zu sagen haben.

»Nichts schadet der Seele so sehr wie der Versuch,
gegen Gefühle anzukämpfen,
über die sie keine Kontrolle hat.«
Zhuangzi

Gefühle zu verdrängen ist keine gute Idee, denn dadurch würdest du dich von einem sehr wertvollen Teil deines Lebens abschneiden. Sich von seinen Emotionen mitreißen zu lassen ist allerdings auch nicht viel besser. Wenn du dich in Gefühle hineinsteigerst, wirst du immer mehr zum Spielball deiner Stimmungen – vor allem aber wirst du dich selbst irgendwann mit deinen Gefühlen verwechseln. Dann glaubst du irrtümlich, dass du deine Gefühle *bist*, und nicht etwa, dass du Gefühle *hast* und *erlebst*.

Es gibt eine einfache Möglichkeit, auf harmonische Weise mit deinen Gefühlen umzugehen: Statt unter ihnen zu leiden oder sie zu unterdrücken, kannst du sie achtsam und neugierig beobachten.

Gefühle achtsam willkommen heißen

Ganz gleich, ob mitten im Alltag oder auf dem Meditationskissen, wann immer ein deutliches Gefühl auftritt, solltest du deine Achtsamkeit in vier Schritten darauf lenken:

1. *Wahrnehmen:* Erkenne, dass ein Gefühl da ist. Bleib gelassen, und sag dir: »Dies ist ein angenehmes Gefühl.« Oder: »Dies ist ein unangenehmes Gefühl.« Wenn es dir möglich ist, dann benenne das Gefühl, aber denk nicht: »Ich bin traurig« oder »Ich bin verärgert«, sondern formuliere es mit etwas mehr Abstand: »Da ist Traurigkeit«, »Da ist Ärger« …
2. *Akzeptieren:* Ganz gleich, ob dein Gefühl angenehm ist oder nicht und ob es stark oder schwach ist – nimm es ganz an. Am Beispiel der Traurigkeit könntest du etwa sagen: »Traurig sein ist menschlich – jeder ist manchmal traurig. Es ist okay, dass Traurigkeit da ist.«
3. *Erforschen:* Schau jetzt etwas genauer hin. Wie genau fühlen sich Traurigkeit, Wut, Ärger, Langeweile, Freude und so weiter eigentlich an? Wie verändert das Gefühl deinen Körper, deine Muskeln, deinen Atem, deine Haltung? Nimm alle Details achtsam wahr.
4. *Loslassen:* Jedes Gefühl hat seine Zeit. Es taucht auf, bleibt eine (meist nur kurze) Weile und löst sich dann wieder auf. Ebenso, wie du das Auftreten eines Gefühls wahrnehmen kannst, solltest du darauf achten, wann das Gefühl wieder verschwunden ist: Woran merkst du, dass du nicht mehr traurig/wütend/verzweifelt/begeistert … bist?

Vermeide es, negative Stimmungen zu nähren, denn dadurch erhältst du sie nur am Leben. Wenn bestimmte Situationen belastende Stimmungen in dir bewirken, dann leg diese Stimmungen ab, sobald du in eine neue Situation eintrittst. Wenn du beispielsweise den Ort wechselst oder andere Menschen triffst, dann atme einmal tief durch, und gib deine negativen Gefühle an der Garderobe ab, bevor du einen »neuen Raum« betrittst.

4. Lade das Schöne in dein Leben ein

Wenn du auf der Suche nach dem Licht in dir bist und nicht recht weißt, wo du am besten anfangen sollst, solltest du zunächst versuchen, dem Schönen zu folgen. Das Schöne ist die kleine Schwester des Lichts – wo das eine ist, ist das andere nicht weit.

Lilli, die Wächterin, hatte ihnen noch gesagt, dass sie nun den See überqueren müssten, um ihren Weg zum Tempel fortzusetzen. Dann hatte sie die beiden ein letztes Mal umarmt und war wieder im Wald verschwunden.

»Den See überqueren?«, sagte Faris. »Ich weiß ja nicht, wie es bei dir ist – aber ich kann nicht über Wasser laufen.«

»Vielleicht sollen wir schwimmen?«, schlug Pentho vor.

Faris schaute ein wenig betreten drein. »Ehrlich gesagt, ich bin Nichtschwimmer.«

»Dann müssen wir wohl um den See herumlaufen«, seufzte Pentho.

Faris schüttelte den Kopf. »Lilli hat ausdrücklich gesagt, wir sollen den See überqueren.«

Pentho runzelte die Stirn. »Nun, wenn sie das gesagt hat, gibt es bestimmt eine Möglichkeit. Mir fällt nur keine ein.«

Sie setzten sich ans Ufer und dachten nach.

* * *

»Die Schönheit liegt im Auge des Betrachters.« Einerseits bedeutet dies, dass wir Schönheit nur erkennen und genießen können, wenn unser Blick entspannt, offen und weit genug ist. Solange du gestresst oder zerstreut bist, wirst du nämlich auch für den schönsten Sonnenuntergang blind sein.

»Schön ist eigentlich alles,
was man mit Liebe betrachtet.
Je mehr jemand die Welt liebt,
desto schöner wird er sie finden.«
Christian Morgenstern

Die Weisheit, nach der die Schönheit im Auge des Betrachters liegt, können wir aber auch noch ganz anders und viel banaler auffassen. Es kommt nämlich sehr darauf an, *wohin* das Auge des Betrachters schaut, *worauf* sein Blick gerichtet ist.

Die rosarote Brille aufsetzen

Setz dir jeden Tag öfter mal die rosarote Brille auf die Nase. Lenk deinen Blick bewusst. Filtere das Hässliche und Graue eine Zeit lang aus deiner Wahrnehmung heraus. Richte deine Aufmerksamkeit nicht auf Plattenbauten und mehrspurige Autobahnen, sondern auf die Blumenwiese, die Bäume im Park oder die Weite des Himmels über dir. Lies nicht die Horrormeldungen aus der Klatschpresse, sondern nimm lieber ein inspirierendes Buch zur Hand. Worauf auch immer dein Blick ruht – es wird sich auf dich auswirken. Wähle also gut aus, wofür du dich öffnen willst. Solange du (noch) nicht erleuchtet bist, macht diese Auswahl oft den Unterschied zwischen Glück und Unglück aus.

Dankbar sein

»Immerhin haben wir es bis hierher geschafft«, sagte Faris. »Es wäre doch gelacht, wenn wir jetzt aufgäben. Schließlich haben wir bereits einiges gelernt. Wir werden es schon schaffen.«

»Gut, dass wir gelernt haben, gelassen zu bleiben«, sagte Pentho. »Sonst würde ich jetzt verzweifeln. Überhaupt sollten wir dankbar sein, wie gut es uns bisher ergangen ist.«

Faris nickte und rief laut: »Danke!«

Kaum hatte er das gerufen, begann das Wasser zu schäumen und zu brodeln, und es erhob sich eine wunderschöne Frau aus den Fluten – mit langem grünem Haar und noch grüneren Augen. Statt Beinen hatte sie eine große Flosse. Die beiden Wanderer rissen die Augen auf.

»Seid gegrüßt, Reisende!«, rief die Seejungfrau. »Ihr wollt zum anderen Ufer? Dann kommt!«

Pentho und Faris sahen sich an. Dann gingen sie Schritt für Schritt ins Wasser.

»Das ist ja eiskalt!«, rief Pentho.

Die Nixe lachte. »Kommt nur, gleich wird euch wärmer werden.« Pentho und Faris gingen langsam und zähneklappernd voran, bis sie gerade noch stehen konnten. Die Seejungfrau kam näher und gab jedem einen Kuss – und sogleich erschien ihnen das Wasser warm und wonnig.

»Danke!«, sagte Pentho.

Die Seejungfrau strahlte. »Nun folgt mir!«, rief sie fröhlich. Sie nahm Pentho bei der Hand und Faris beim Ohr und zog sie in die Tiefe. Die beiden waren erstaunt, dass sie gar keine Angst hatten – und das war auch völlig unnötig, denn das Wasser war nach dem Kuss der Nixe wie Luft für sie. Wie im Traum wanderten sie schweigend über den Grund des Sees und bestaunten die Wunder der Tiefe.

»Pentho«, sagte Faris schließlich, »ich musste gerade an eine Geschichte denken, die mir unser alter Lehrer einmal erzählt hat und die ich erst jetzt wirklich verstehe.«

Der Tuchhändler

In einer Stadt in einem fernen Land lebte einst ein Tuchhändler namens Rajib. Er war nicht reich, aber auch nicht arm. Schon sein Urgroßvater hatte diesen Laden besessen, sein Großvater und sein Vater nach ihm, und nun war er an der Reihe. Er war zufrieden mit seinem Leben.

Bis eines Tages, direkt gegenüber von seinem Laden, ein anderer, viel größerer Tuchladen eröffnete. Rajib war entsetzt. Wie sollte er mit seinem kleinen Geschäft überleben? Seine Kunden würden sicher zu dem großen Händler gehen, der billigere Waren feilbot. Möglicherweise würde er arm werden und geriete an den Bettelstab, und sein Sohn würde als Erster seiner Familie nicht den Tuchladen übernehmen können. Rajib vergoss heimlich Tränen und fand nachts keinen Schlaf mehr.

Am nächsten Morgen aber hatte er einen Entschluss gefasst. Er würde zum Tempel gehen, Opfer darbringen und mit dem weisen Priester sprechen. Vielleicht hatte der einen guten Rat für ihn. Möglicherweise würde er die Götter durch ein Opfer günstig stimmen können. Zwar konnte er sich nicht vorstellen, was sie da vermochten – aber schaden konnte es ja auch nicht.

Er klagte dem Priester sein Leid, und der weise Mann hörte still zu. Als Rajib geendet hatte, sprach der Priester: »Morgens, wenn du dein Geschäft öffnest, zünde eine Kerze für die Götter an, und bitte sie, dein Geschäft zu segnen. Und wenn du das getan hast, bitte sie, auch den Tuchhändler gegenüber zu segnen.«

Rajib glaubte, nicht richtig gehört zu haben. »Wie bitte? Ich soll meinen Widersacher segnen, der mich zugrunde richten wird?«

Der Priester lächelte und sprach: »Die Güte in deinem Herzen wird dein Segen sein. Tu so, wie ich es dir gesagt habe, und sorge dich nicht.«

Rajib bedankte sich und ging verwirrt nach Hause. Doch am nächsten Morgen tat er, was ihm der Priester geraten hatte. Er bat Gott, ihn und sein Geschäft zu segnen – dann betete er auch um Segen für den Besitzer des Ladens gegenüber. Das fiel ihm schwer. Doch als er es getan hatte, fühlte er sich auf eine wundersame Art und Weise erleichtert. Allmählich wichen die Angst und der Hass aus seinem Herzen.

Der Laden gegenüber hatte sehr viele Kunden. Und doch litt Rajib nicht darunter. Es kamen viel mehr Menschen in diese Straße als früher, so betraten auch mehr Rajibs Laden, und er verdiente besser denn je. Am Ende des Monats suchte er wieder den Priester auf und bedankte sich für den weisen Rat und das Wunder. Der Priester lächelte und sprach: »Rajib, das ist doch kein Wunder. Die Menschen sehen, dass du fromm bist und dich nicht fürchtest und keinen Hass in deinem Herzen trägst. Deshalb kommen sie gern zu dir – denn sie wissen, dass dein Wissen und deine Ware unvergleichlich sind!«

* * *

Je stärker unser Ego ist, desto schwerer wird es uns fallen, unser Dasein im Hier und Jetzt entspannt zu genießen. Je mehr wir erwarten – von anderen Menschen, den äußeren Umständen, dem Wetter –, desto höher sind die Mauern, die wir überwinden müssen, um gelassen, zufrieden und innerlich erfüllt zu sein. Doch es gibt ein wirkungsvolles Gegenmittel: das simple Wort »danke«. Durch Dankbarkeit verändert sich unsere ganze Einstellung. Durch Demut können wir Unzufriedenheit sogar in Zufriedenheit und Hässlichkeit in Schönheit verwandeln.

»Ein einziger dankbarer Gedanke gen Himmel
ist das vollkommenste Gebet!«
Gotthold Ephraim Lessing

Wenn unter dem Weihnachtsbaum ein Berg an Geschenken für dich bereitliegt und du nur zwei oder drei davon öffnest, darfst du dich nicht wundern, wenn du unzufrieden bist.

Das Problem ist nicht, dass wir zu wenig haben, sondern dass wir die vielen schönen Kleinigkeiten, die vor unseren Füßen liegen, regelmäßig übersehen. Wir brauchen keine neue Handtasche, weder neue Fernsehserien noch mehr Geld: Solange wir nur oft genug innerlich Danke sagen können, werden wir reicher als der vermögendste Mensch der Erde sein.

* * *

Es gibt unendlich vieles, wofür wir dankbar sein können:
- die Farben des Himmels,
- die Wolken und Sterne,
- die Tatsache, dass wir ein Bett und eine warme Decke haben,
- die Parkbank im Schatten,
- das Lächeln der Verkäuferin in der Bäckerei,
- den Warmwasserhahn in unserer Dusche,
- die Freundin, die wir anrufen können, wenn es uns mal nicht so gut geht,
- den Tee in unserer Tasse – und nicht zu vergessen:
- die Schokokekse im Küchenschrank.

* * *

Klarheit, Ruhe und Freude stellen sich von selbst ein, sobald du aufhörst, Dinge als selbstverständlich anzusehen, die alles andere als selbstverständlich sind.
All die kleinen Wunder, die wir viel zu oft übersehen, werden zu einer Quelle der Freude, wenn wir Dankbarkeit in unserem Herzen nähren.

Dankbarkeit üben

Du kannst die Kraft der Dankbarkeit jederzeit in dir entfalten. Zwei einfache Methoden helfen dir dabei, Freude und Zufriedenheit zu erlangen:

1. *Sei jetzt sofort dankbar:* Lenk deine Achtsamkeit gezielt auf alles, was hier und jetzt schon da ist und wofür du dankbar sein kannst. Achte vor allem auf Unscheinbares – verwende eine »Dankbarkeitslupe«. Je öfter du deinen Blick auf diese Weise konzentrierst, desto mehr Schönes und Erfreuliches wirst du schließlich auch ganz ohne Sehhilfe entdecken.

2. *Dankbarkeit im Rückblick:* Sobald du abends im Bett liegst, lass den vergangenen Tag vor deinem inneren Auge nochmals Revue passieren lassen. Versuche, dich dabei an mindestens fünf Dinge zu erinnern, für die du dankbar bist und über die du dich gefreut hast. Überleg nicht lange – such nicht nach ungewöhnlichen Ereignissen. Anfangs fällt dir das vielleicht noch schwer, doch schon bald wird dir immer mehr einfallen, wofür du dankbar sein kannst. Achte auch darauf, wie das Gefühl, vom Leben beschenkt zu werden, deine Einstellung verändert.

»Wäre das Wort ›danke‹ das einzige Gebet,
das du jemals sprichst, so würde es genügen.«
Meister Eckhart

Mut zur Kreativität

Pentho gefiel die Geschichte, die Faris erzählt hatte. »Es ist gut, wenn man dankbar und ohne Hass ist«, sagte er. »Das ist doch leicht zu verstehen.«

Faris nickte. »Ja, das denke ich jetzt auch. Aber ich habe die Geschichte früher nicht richtig verstanden. Manchmal ist man eben ein wenig begriffsstutzig, selbst als Esel.«

»Ja«, sagte Pentho. »Ich habe auch schon Geschichten gehört, die ich nicht verstanden habe. Zum Beispiel die Geschichte von der Brücke.«

Die Brücke
In dem großen Dorf am Fluss beschlossen die Bürger, dass sie eine neue Brücke über den Fluss bauen wollten, damit sie besser Handel treiben konnten. Denn über die alte, wackelige Holzbrücke wagten sich nur wenige Händler. Und damit hatten sie wohl auch ganz recht. Nun gab es aber keinen richtigen Baumeister im Dorf. Die neue Brücke sollte aus Stein sein – doch sie hatten Angst, dass die steinerne Brücke zusammenbrechen könnte. Sie würde ja viel schwerer als die Holzbrücke sein. Da kamen sie auf die Idee, erst einmal kleine Brückchen zur Probe zu bauen, und die Bürger stellten fest, dass ihre Befürchtungen ganz richtig waren: Die winzigen Modellbrücken brachen alle sofort zusammen – oder spätestens dann, wenn man ein Hühnchen darüber trieb.

Doch dann hatte der Dorflehrer eine schlaue Idee: »Ganz einfach: Wir legen alle Steine auf den Grund des Flusses – dann können sie nicht runterfallen, und wir haben eine perfekte und sichere Brücke!«

Voller Begeisterung machten sich die Leute an die Arbeit. Doch irgendetwas an der Idee des Lehrers war wohl nicht ganz richtig – und so steht dort immer noch die alte, wackelige Holzbrücke.

Faris sah Pentho von der Seite an. »Ehrlich gesagt, ich verstehe die Geschichte auch nicht.«

Die Seejungfrau lachte. »Ich verstehe die Geschichte! Erzählt mir mehr Geschichten aus der Menschenwelt!«

Pentho lächelte und sprach: »Weißt du, was ein Maler ist?«

Die Seejungfrau runzelte ein wenig die Stirn. »Ich glaube, schon. Das ist jemand, der ...« Sie zeichnete mit ihren Fingern einen Fisch in den Sandboden.

Pentho schmunzelte. »Ja, so ungefähr.«

Der gefangene Maler
Der Maler liebte das Licht und die Natur, deshalb malte er nur unter freiem Himmel. Seine Bilder füllte er mit all dem Schönen, das er sah.

Doch dann kam der Krieg, und der Maler wurde in den Kerker geworfen – nur weil er einst den Fürsten, der im Krieg unterlegen war, gemalt hatte. Wie zum Hohn durfte er seine Farben und Pinsel und Leinwände behalten. Doch was konnte er im Kerker schon malen? Hier gab es nichts Schönes. Beinah wünschte sich der Maler, er wäre zum Tode verurteilt worden.

Doch dann begann er das, was er so viele Jahre gemalt hatte, vor sein inneres Auge zu holen. Und da war sie, die Schönheit. Er schloss die Augen und träumte von Blumenwiesen, Feldern, Schmetterlingen, Wäldern, Flüssen und Bergen. Das war angenehm; doch sobald er die Augen öffnete, waren da wieder die grauen Kerkerwände. Da kam er auf den Gedanken, sich das Schöne mit offenen Augen vorzustellen. Das war nicht so leicht. Er versuchte, einen Schmetterling zu imaginieren – und schließlich gelang es ihm. Der Falter schwebte im Kerker, und alles, was er berührte, begann zu leuchten.

Der Maler öffnete seine Farbtöpfe und begann zu malen. Und indem er malte, erkannte er, dass die Mauern nicht einfach grau waren, sondern dass es so viele Grautöne wie Farben gab. Es waren aber auch Farben im Stein der Mauern. Kaum sichtbar, ganz versteckt. Der Maler malte und malte seinen Kerker in seiner zurückhaltenden, kargen Schönheit, er malte auch, was vor seinem inneren Auge entstand, er malte seine Gedanken und Gefühle.

Ein Wärter, der die herrlichen Bilder sah, berichtete dem neuen Fürsten davon. Der kam und betrachtete den Maler und seine Bilder. Und nicht lange – dann befahl er, den Maler freizulassen, und belohnte ihn reich. Dem Maler aber war es gleich: Er konnte nun überall malen, denn die Schönheit war jetzt in ihm.

* * *

*»Schöpferisch tätig zu sein bedeutet,
etwas Ureigenes aus sich selbst
heraus zutage zu fördern.«*
Jean Baptiste Henri Lacordaire

Zu behaupten, dass jeder Mensch ein Künstler sei, ist wohl etwas übertrieben. Sicher ist aber, dass wir als Kinder alle kreativ waren. Was sollte also dagegensprechen, dass wir auch als Erwachsene, wenn schon keine großen Künstler, so doch auf jeden Fall schöpferisch tätig sein können? Und das können wir nicht nur, wir sollten es auch, denn der Weg der Kreativität verbindet uns mit der Schönheit des Lebens. Außerdem führt er uns umso tiefer in unsere eigene Mitte, je unbeirrter wir ihn gehen.

Ob das, was du erschaffst, ein Kunstwerk wird oder nicht, ist völlig egal. Es geht nicht um das, »was dabei herauskommt« – es geht einzig darum, dass du dich für neue Ideen öffnest und dein verborgenes Potenzial entdeckst. In diesem Sinne ist der Weg der Kreativität immer auch ein sehr spiritueller Weg.

»Nur in Verbindung mit Gott
wird der Mensch wahrhaft schöpferisch.«
Paul Olaf Bodding

Kreativität äußert sich im Tun. Welche Möglichkeiten hast du, kreativ zu werden – was kannst du konkret schaffen? Vielleicht möchtest du mit Farben und Formen experimentieren, indem du malst, fotografierst oder zeichnest. Oder du entwickelst deine Kreativität, indem du Worte benutzt und beispielsweise Gedichte oder Geschichten schreibst. Möglicherweise ist eher Musik etwas für dich, und du willst ein Instrument lernen oder dein Spiel perfektionieren. Und natürlich gibt es auch noch ganz andere Wege der Kreativität, die du sogar in ganz banalen Tätigkeiten entdecken kannst. Doch was auch immer du tust – lass jeden Gedanken an Perfektion los, und folge dem Motto: »Hauptsache egal!«.

Beim kreativen Tun kommt es nicht auf das »Was«, sondern auf das »Wie« an. Kreativität ist ein Bewusstseinszustand, der dich mit deinem göttlichen Potenzial verbindet, wenn du sie als eine Form der Meditation praktizierst.

Oft stecken wir sehr im Getriebe des Alltags fest. Dann ist es unmöglich, ein Gefühl für das Wesentliche zu entwickeln. Solange unser Geist mit Planen, Organisieren oder dem Lösen von Problemen beschäftigt ist, bleibt die Wolkendecke einfach zu dicht, um den blauen Himmel darüber erkennen zu können.

Jede kreative Beschäftigung ermöglicht es dir jedoch, das Alltägliche für eine Weile loszulassen und ganz in den gegenwärtigen Augenblick einzutauchen. Darum solltest du Kreativität auch nicht mit einer »Freizeitbeschäftigung« verwechseln, sondern sie als eine wirkungsvolle Methode ansehen, um deine Perspektive zu erweitern und dir selbst näherzukommen.

Du kannst jede Art der schöpferischen Tätigkeit in Meditation verwandeln. Kreativität ist eine Qualität, die du deiner Handlung gibst. Alles kann kreativ sein – du kannst auf kreative Weise deinen Garten pflegen, kochen oder Schuhe putzen. Ebenso kannst du allerdings auch singen oder malen, ohne dabei auch nur ein bisschen kreativ zu sein. Es ist einzig deine Einstellung, die den Unterschied ausmacht.

Eine einfache Anleitung zu spiritueller Kreativität lautet: Liebe, was du tust. Handle ohne Absicht, und denk nicht an Erfolg oder Misserfolg. Was du auch tust, versenk dich in dein Tun. Das heißt vor allem, dass du ganz bei der Sache bleibst und dich nicht ablenken lässt. Bleib offen und achtsam. Aber vergiss dabei die Freude nicht. Ohne Freude zu empfinden, kannst du nicht kreativ, sondern bestenfalls produktiv sein, was etwas ganz anderes ist ...

Genieße den Augenblick

Es ging bergauf – also hinauf zum anderen Ufer des Sees. Fast tat es den Wanderern leid, sich von der Nixe und der Unterwasserwelt verabschieden zu müssen. Pentho lief sogar eine dicke Träne aus dem Auge, doch unter Wasser merkte das natürlich keiner.

»Es war schön, euch zu begleiten!«, sagte die Seejungfrau. »Danke dafür. Und danke für eure Geschichten!«

»Wir danken dir!«, riefen Faris und Pentho.

Die Seejungfrau lächelte. »Für euren Dank und zum Abschied, bevor ihr wieder in die Obenwelt geht, erzähle ich euch noch eine kleine Geschichte ...«

Der Spaziergang
Zwei Freunde gingen spazieren. Über bunte Blumenwiesen, vorbei an grasenden Schafen und Ziegen, entlang munterer Bächlein.

»Ach«, sprach der eine, »die meisten Menschen wissen die Schönheit der Natur nicht mehr zu schätzen. Jeder denkt an dies und das, redet und freut sich an seinen eigenen Worten, aber keiner sieht mehr richtig hin. Die Augen der Menschen sind wie verschlossen. Sie leben nicht im Jetzt, sie genießen nicht den Augenblick, weil sie im Denken gefangen sind, anstatt wahrzunehmen, was alles an Schönem und Wunderbarem und Erstaunlichem um sie herum ist!« Er seufzte tief. »Und langsam bekomme ich Hunger, vielleicht finden wir irgendwo einen Obstbaum oder bekommen etwas Milch.«

Sein Freund lächelte. »Hast du gerade, bei dem großen Feigenbaum, das Zicklein gesehen, das auf dem Rücken seiner Mutter stand und drei unterschiedliche Blumen im Maul hatte? Manche Menschen leben nicht im Jetzt – da ist es freilich schwierig, den Augenblick zu genießen ...«

* * *

Kann Genießen Sünde sein? Kommt ganz drauf an. Einerseits ist Genießen ein wichtiger Aspekt unserer natürlichen Intelligenz. Wie könnten wir das Schöne und Sinnvolle je ergründen, wenn wir nicht genießen könnten? Unsere Fähigkeit, genießen zu können, hilft uns, mehr und mehr Lebensfreude und Achtsamkeit in unserem Leben zu erfahren. Andererseits ist es auch wichtig, den Unterschied zwischen Genuss und Gier zu erkennen.

»*Nicht alles, was Genuss bereitet,
ist auch heilsam, doch alles, was heilsam ist,
bereitet auch Genuss.*«
Pythagoras von Samos

Beim Thema »Genuss« besteht Verwechslungsgefahr. Unsere Neigung, uns von unseren Begierden treiben zu lassen und allen möglichen Gelüsten hinterherzurennen, verwechseln wir oft fälschlicherweise mit Genuss. Der dänische Philosoph Søren Kierkegaard meinte wohl genau das, als er schrieb, dass die meisten Menschen dem Genuss so sehr hinterherjagen, dass sie ständig an ihm vorbeirennen.

Wer seinen triebhaften Gelüsten ausgeliefert ist, kann gar nicht wirklich genießen. Exzessiver Genuss von Essen, Medien, Alkohol oder Sex ist kein Genuss, sondern Abhängigkeit. Im Gegensatz zur Gier hat Genießen nichts mit Quantität, sondern mit Qualität zu tun – nichts mit rastlosem Begehren, sondern mit innerer Ruhe und Achtsamkeit.

Achtsam genießen

Achtsames Genießen ist eine Übung, die du in vielen schönen Augenblicken ausführen kannst, beispielsweise dann, wenn du dich sonnst oder im Schaumbad liegst, wenn du einen guten Rotwein trinkst, etwas Köstliches isst oder einen geliebten Menschen umarmst ... Die »Bausteine« für achtsames Genießen sind dabei immer dieselben:

1. *Nimm dir ganz viel Zeit:* Auf die Schnelle funktioniert Genuss so wenig wie Glück. »Entschleunige« deinen Tag, komm zur Ruhe, atme tief und langsam, damit du in vollen Zügen genießen kannst.
2. *Versenk dich in das Genießen:* Mach es wie im Tantra, wo Sinnlichkeit zur Meditation wird. Vergiss alles andere. Lass Sorgen und Ablenkungen los, und lenk deine ganze Aufmerksamkeit auf das Hier und Jetzt.
3. *Öffne alle deine Sinne:* Spür deinen Körper, fühl die Wärme auf deiner Haut, lausche den Klängen, schmecke die Aromen und so weiter. Achte kurzum auf alle Sinneserfahrungen, die im Augenblick des Genießens erscheinen.
4. *Bleib wach:* Stell dir beim Essen, Trinken, Duschen, Tanzen, Kuscheln – oder was auch immer es sei – die Frage: »Was kann ich in diesem Moment genießen? Wie fühlt sich das an? Welche Gefühle entstehen in diesem Moment? Was verändert sich durch das Genießen in meinem Körper?«

Genießen kann zu einer tiefgreifenden spirituellen Erfahrung werden. Die Mystikerin Teresa von Ávila schrieb: »*Tue deinem Leib etwas Gutes, auf dass deine Seele Lust hat, darin zu wohnen.*«

Gib dir die Erlaubnis zu genießen. Ob Gewürze, Düfte, Klänge, Farben, Wärme, Nähe oder Zärtlichkeit – so viele Dinge bieten die Gelegenheit, achtsam zu genießen. Verwöhn dich selbst. Tu, was dir guttut, was dich entspannt und etwas Stress aus deinem Leben herausnimmt. Und achte auch darauf, in welchen Momenten die Freiheit des Genießens in die Sklaverei der Begierde umschlägt.

»*Der Kultivierte bedauert niemals einen Genuss.*
Der Unkultivierte hingegen weiß gar nicht,
was Genuss wirklich ist.«
Oscar Wilde

5. Öffne dich für das Wunder des Jetzt

»*Denk immer daran,*
dass es nur eine wichtige Zeit gibt:
Heute. Hier. Jetzt.«
Leo Tolstoi

Der gegenwärtige Augenblick ist so selbstverständlich, dass wir ihn – wie alles Selbstverständliche – übersehen. Obwohl es immer nur dieser eine kleine Moment ist, in dem unser Leben wirklich stattfindet, ist unser Geist die meiste Zeit damit beschäftigt, in der Vergangenheit herumzuschwirren oder die Zukunft »vorherzusehen«. Das bringt nicht nur viel Unruhe mit sich, sondern verhindert auch, dass wir die Kraft des Himmels entdecken können; denn der Himmel ist immer jetzt.

Die Wanderer stiegen langsam aus dem Wasser und genossen jeden Schritt. Die Obenwelt, das sahen sie nun, war ebenso schön und wunderbar wie die Unterwasserwelt.
»Ach, Faris«, sagte Pentho. »*So sollte es immer sein!*«
»*So wie was?*«
»*Na, so wie jetzt!*«
»*Jetzt ist es jetzt!*«
»Stimmt«, lachte Pentho. »*Da fällt mir eine Geschichte ein, die ich einmal gelesen habe. Magst du sie hören?*«
»*Na klar!*«

Jeder Tropfen Tee
Der große Meister hatte viele Schüler, doch einer war ihm besonders lieb. Dieser Schüler fragte den Meister eines Tages: »Meister, was ist das Geheimnis Eurer Ruhe und Gelassenheit?«
»Mein Lieber, ganz einfach: Ich bin im Jetzt.«
»Das ist alles? Kann ich das auch lernen?«
»O ja. Es ist ganz leicht. Nimm diese Tasse Tee, und geh einmal ums Haus, ohne einen Tropfen zu verschütten.«
»Das ist meine Aufgabe?«
»Ja. Aber überleg dir gut, ob du sie wirklich wagen willst. Denn solltest du auch nur einen Tropfen verschütten, muss ich dich töten.« Er zog sein Schwert aus der Scheide und prüfte mit einem Finger die Schärfe der Klinge.
Der Schüler wurde ein wenig bleich, doch er nahm die Tasse Tee und ging Schritt für Schritt, beständig achtsam, um das Haus – ohne auch nur einen Tropfen zu verschütten. Erleichtert stellte er die Tasse wieder ab und sagte: »Das war nicht so schwer. Ist das alles?«
Der Meister lächelte. »Ja, mein Lieber. Das ist alles. Der einzige Unterschied zwischen dir und mir ist, dass ich die Tasse ständig trage.«

Faris nickte anerkennend. »Das ist eine gute Geschichte. Ich frage mich, ob es wirklich möglich ist, immer so achtsam zu sein wie der Meister.«
»Und ich frage mich, was uns wohl der nächste Wächter zeigen wird«, sagte Pentho.

* * *

Willst du den Lärm der Welt vergessen? Möchtest du Frieden in dir finden? Willst du Anspannungen loslassen und dich von seelischem Ballast befreien? Dann lenke deine ganze Aufmerksamkeit auf das Jetzt – aber tu es nicht erst morgen oder nächstes Jahr, tu es sofort: jetzt!

Von Erleuchteten heißt es, dass sie dauerhaft im Hier und Jetzt leben. Für die meisten von uns ist das weder möglich noch wünschenswert. Schließlich ist es sehr sinnvoll, dass wir wissen, woher wir kommen und wohin wir gehen. Unsere Vergangenheit hat uns geprägt, und die Fähigkeit, aus Vergangenem zu lernen, ist überlebenswichtig. Ebenso ist es durchaus keine Vergeudung, einige Gedanken an die Zukunft zu »verschwenden«. Wir sollten zumindest einen groben Plan haben und wissen, in welche Richtung wir uns bewegen und was wir erreichen wollen.

Probleme entstehen aber, wenn wir viel zu viel kostbare Lebenszeit damit verbringen, über Vergangenes nachzugrübeln oder uns über das, was möglicherweise irgendwann einmal passieren könnte, Sorgen zu machen und Dinge vorherzusehen, die nie eintreffen werden.

*»Es gibt nur eine Zeit,
in der wir für das Wesentliche erwachen können –
und das ist jetzt.«*
Buddha

Der vietnamesische Mönch Thich Nhat Hanh sagte, dass wir eine »Verabredung mit dem Leben« haben. Und jedes Mal, wenn es unsere Gedanken in die Vergangenheit oder Zukunft zieht, verpassen wir diese Verabredung. Damit du dein Rendezvous nicht versäumst, musst du lernen, dich besser im Hier und Jetzt zu verankern – sei es durch spezielle Meditationsphasen oder auch mitten im Alltag.

Was ist jetzt?

Eine einfache Meditation hilft dir, immer wieder aufs Neue ins Jetzt einzutauchen. Halt kurz inne, sag innerlich »Stopp«, und überleg:
»Wo bin ich hier? Was mache ich hier? Was ist jetzt? Was übersehe ich gerade?«

- *Schau dich um:* Was kannst du gerade sehen? Finde mindestens drei Dinge, die du in diesem Augenblick sehen kannst.
- *Lausche in deine Umwelt hinein:* Was kannst du gerade hören? Benenne drei Klänge, die an dein Ohr dringen.
- *Spüre dich selbst:* Was kannst du gerade fühlen? Achte auf drei Empfindungen, die du gerade im Körper spüren kannst.

Wiederhole den ganzen Zyklus noch einmal, und atme dann am Ende der Übung drei Mal ruhig ein und aus. Durch diese Technik kannst du dir zwischendurch deiner Sinne und deines Körpers bewusst werden, die ja im Gegensatz zu deinen Gedanken immer im Jetzt sind.

Die befreiende Macht der Achtsamkeit

»Mich kann nichts mehr überraschen«, behauptete Faris, und Pentho zuckte nur mit den Schultern.

Sie gingen weiter, aber es zeigte sich niemand, der ein Wächter sein konnte. Schließlich kamen sie an einen reißenden Fluss. Es gab keine richtige Brücke, doch aus dem Flussbett ragten große Steine. Die Steine waren nur eine Elle voneinander entfernt, und es waren immer drei oder vier solche Steine nebeneinander. Es schien nicht sonderlich schwierig, den Fluss zu überqueren. Pentho trat auf den ersten Stein. Dann auf einen zweiten. »Es ist wirklich leicht, Faris«, rief er. »Die Steine sind überhaupt nicht rutschig.«

Er trat auf den dritten Stein, da schnellten mit einem Mal alle Steine um ihn herum nach oben und katapultierten Pentho ins Wasser. Er wurde ein Stück weit vom Fluss mitgerissen und dann wieder ans Ufer zurückgespült. Er schüttelte sich und lief am Ufer entlang zurück zu Faris, der sich vor Lachen am Boden wälzte. Pentho sah ihn ein wenig säuerlich an. »Probier du es doch!«

»Kein Problem«, antwortete der Esel. »Auf vier Beinen stehe ich sicher.«

Er setzte einen Huf auf einen Stein, den zweiten auf einen anderen, dann stieg er mit den Hinterbeinen ebenfalls auf die beiden Steine. Nun der rechte Vorderhuf auf einen weiteren Stein. Jetzt den linken ... und alle Steine schossen empor und schleuderten Faris ins Wasser. Auch er wurde wieder ans Ufer getrieben und lief zurück zu Pentho – der nun an der Reihe war zu lachen. Faris stimmte in sein Lachen ein. »Eigentlich macht es sogar Spaß!«, rief er.

»Ja«, stimmte Pentho zu. »Lass es uns gleich noch einmal versuchen.«

Es war wirklich lustig, von den Steinen ins Wasser katapultiert zu werden. Und es war nicht gefährlich – sie landeten stets an derselben Stelle, wo das Wasser tief war und keine kantigen Steine unter der Oberfläche lauerten. Nachdem jeder der beiden etwa zehn Mal durch die Luft gewirbelt worden war, ließ der Spaß nach. Wie lange würde es wohl dauern, bis sie das andere Ufer erreichten? Pentho hatte es immerhin einmal beinah bis zur Mitte des Flusses geschafft. Aber selbst wenn es einem von ihnen gelänge, dann wäre der andere immer noch nicht auf der richtigen Seite – oder im Wasser.

Sie hatten ja gelernt, Gelassenheit zu bewahren. Doch diese Kunst wurde nun auf eine harte Probe gestellt. Sie setzten sich hin und überlegten. Da kam auf dem Pfad, den auch sie gegangen waren, ein junges Mädchen mit einem Krug, den es auf seinem Kopf balancierte. Das Mädchen winkte den beiden freundlich zu und ging auf den Fluss zu.

Pentho sprang auf. »Halt!«, rief er. »Pass auf – die Steine werfen dich ins Wasser!«

Doch das Mädchen ging unbeirrt weiter, trat auf einen Stein, dann auf den zweiten, den dritten ... bis es schließlich am anderen Ufer war.

»Wie hat sie das nur gemacht?«, murmelte Faris.

Pentho rief und winkte. Das Mädchen stellte den Krug ab und hielt eine Hand ans Ohr. Das Rauschen des Flusses war einfach zu laut. Doch ruhigen Schrittes kam es über die Steine balancierend zurück.

* * *

Der Wunsch, weniger in seinen Vorstellungen und mehr im Hier und Jetzt zu leben, ist der erste Schritt zur Erleuchtung. Aber leider genügt das nicht. Wir brauchen auch eine Methode. Mit Denken, Analysieren und Reflektieren kommen wir hierbei nicht weit, dafür aber mit Achtsamkeit.

Achtsam zu sein bedeutet, dass du ganz wach und voll da bist. Ohne zu bewerten oder zu urteilen, öffnest du dich entspannt für den jeweiligen Moment. Achtsamkeit ebnet dir den Weg zur Schönheit des Augenblicks. Sie schärft deine Wahrnehmung und macht dich empfänglich:

- für die Begegnungen mit anderen Menschen,
- für den Klang der Blätter, die im Wind rauschen,
- für die Schönheit einer in der Sonne dösenden Katze,
- für das sanfte Ein- und Ausströmen des Atems in deinem Körper.

Achtsamkeit ist überhaupt keine komplizierte Angelegenheit. Jeder von uns kann sofort Kontakt zum gegenwärtigen Augenblick aufnehmen. Wir müssen dazu »nur« das Grübelkarussell anhalten und aus dem Erledigungsmodus aussteigen.

Achtsamkeit lässt sich jederzeit und allerorts üben – bei einem Spaziergang (wenn du zum Beispiel deine Füße spürst), bei einem Telefonat (wenn du der Stimme deines Gesprächspartners lauschst), beim Teetrinken (wenn du die heiße Tasse in deiner Hand fühlst), beim Sport (wenn du deinen Körper, deinen Atem und Herzschlag spürst) oder wenn du eine Orange isst (und deine ganze Achtsamkeit auf den Geschmack lenkst).

Durch Achtsamkeit wird dein Leben sehr viel einfacher. Ohne zu kommentieren, zu interpretieren oder etwas hinzuzufügen, siehst du die Dinge einfach so, wie sie sind.

Achtsamkeitstechniken helfen nachweislich dabei, Stress abzubauen, Schmerzen und Ängste zu lindern und Depressionen entgegenzuwirken.

Der entscheidende Punkt in der Praxis besteht darin, dass wir versuchen, ganz bei unserer jeweiligen Erfahrung zu bleiben. Statt alles, was uns geschieht, als ein Problem anzusehen, lernen wir durch Achtsamkeit, unser Leben als einen Fluss, als ewige Folge aneinandergereihter Erfahrungen zu betrachten. Alle diese Erfahrungen sind wie Gäste, die uns besuchen, eine Weile bleiben und sich dann wieder verabschieden. Achtsamkeit hilft uns, gastfreundlich zu sein. Und auch wenn es mal unangenehme Gäste sind, die uns besuchen – es ist okay.

So, wie es ist, ist es okay

»Ihr könnt nicht über die Brücke gehen?«, fragte das Mädchen die Wanderer.
»Ja«, antwortete Pentho. »Wir finden nicht heraus, welche Steine ungefährlich sind. Aber glücklicherweise kennst du ja den Weg. Kannst du uns bitte die richtigen Steine zeigen?«
Das Mädchen schüttelte bedauernd den Kopf. »Ich kenne den Weg, doch die richtigen Steine kann ich euch nicht zeigen. Es sind nämlich für jeden andere Steine – und bei jeder Überquerung sind es auch wieder andere.«
Faris wedelte mit den Ohren. »Aber hör mal: Wie soll man das denn schaffen? Und außerdem hast du gesagt, du kennst den Weg!«
Das Mädchen lächelte. »Ich kenne sogar zwei Wege. Der eine ist Geduld. Wenn ihr es lange, lange Zeit versucht, wird es euch schließlich gelingen.«
»Wie lange?«, fragte Pentho.
Das Mädchen zuckte mit den Schultern. »Ein paar Jahre vielleicht?«
»Oje«, sagte Faris. »Und der andere Weg?«
»Nicht urteilen, sondern spüren. Vergangenheit und Zukunft vergessen. Wach sein.«

* * *

»*Das, was ist, ist.*«
William Shakespeare

Das Ziel eines spirituellen Lebens liegt darin, frei, achtsam, mitfühlend und glücklich zu werden, und natürlich nicht darin, dass uns alles egal wäre. Gleichgültigkeit ist ein Ausdruck von Dumpfheit und rührt von Schwäche und der Unfähigkeit, sich den Herausforderungen des Lebens zu stellen. Gelassenheit hingegen ist Ausdruck von Wachheit und innerer Stärke.

Um Gelassenheit und Weisheit zu erlangen, ist es einerseits notwendig, das, was ist, klar zu erkennen, tief zu empfinden und mitfühlend handeln zu können. Doch es muss noch etwas hinzukommen: die Fähigkeit, loszulassen und zu akzeptieren, dass der Lauf der Dinge letztlich in Gottes Hand liegt. Die Daoisten Chinas sprachen in diesem Zusammenhang von »Wu-Wei«, was übersetzt so viel bedeutet wie »Nicht-Eingreifen«.

Die Dinge geschehen ganz von selbst.
Das Gras wächst ohne unser Zutun.
Alles unterliegt der Vergänglichkeit – Menschen und Dinge
kommen und gehen, so wie auch wir selbst.
Warum also sollten wir versuchen festzuhalten,
was sich unserem Zugriff entzieht?
Warum sollten wir versuchen zu kontrollieren,
was sich doch nicht kontrollieren lässt?

Es ist okay so, wie es ist. Denn was auch immer geschieht – in dem Augenblick, da du es erkennst, ist es längst passiert. Du kannst die Dinge nicht rückgängig machen. Versuchst du es dennoch, wirst du ständig gegen das Leben ankämpfen. Das kann ziemlich anstrengend werden und hat vor allem einen großen Nachteil: Du kannst dabei niemals gewinnen ...

Das, was ist, erkennen, akzeptieren und loslassen

Ein einfacher Weg, Frieden mit dem Leben zu schließen, besteht aus drei Schritten:

1. Erkenne, was ist, ohne davor wegzulaufen.
2. Entspann dich, und akzeptiere die Situation, ohne Bedingungen zu stellen.
3. Lass los, lass es geschehen: »Was immer auch in meinem Leben passiert – es ist okay.«

Unzufriedenheit, Stress und Unglück entstehen oft aus nur einem Grund: »Das, was ist«, stimmt nicht mit dem überein, »was sein sollte«. Wir nehmen unsere Wünsche, Erwartungen und Vorstellungen sehr ernst. Diese Wünsche, Erwartungen und Vorstellungen führen zu der Überzeugung, dass das Leben sich nach uns zu richten hätte. Doch wie wir alle wissen, kümmert dies das Leben nicht besonders.

- Du willst, dass die Sonne scheint – doch es regnet.
- Du willst jung bleiben – doch dein Spiegelbild weiß es besser.
- Du willst deine Ruhe haben – doch draußen rasen Autos vorbei, und Kinder tollen auf der Wiese.
- Du willst gesund sein – doch dein Arzt hat eine schlechte Nachricht für dich.
- Du willst eine Frau oder einen Mann heiraten – doch sie oder er verliebt sich neu und ist auf und davon ...

Kannst du das, was ist, akzeptieren? Kannst du dich gelassen und ohne Bitterkeit mit den Tatsachen anfreunden, statt zu argumentieren, zu kämpfen und zu verzweifeln?

Wach sein für den gegenwärtigen Augenblick

Das Mädchen wandte sich um und betrat wieder die Brückensteine. Faris und Pentho sahen genau zu. Es setzte einen Fuß auf den ersten Stein, dann den zweiten Fuß ganz ruhig auf einen weiteren, der mit Algen überzogen war und ganz glitschig aussah. Faris und Pentho hielten den Atem an. Doch das Mädchen stand nun ganz fest auf dem zweiten Stein und setzte wieder einen Fuß voran auf den nächsten. Kaum hatte es den Stein berührt, hob es seinen Fuß wieder und setzte ihn auf einen anderen Stein. Und so schritt es ruhig voran, erreichte das andere Ufer und winkte ihnen, ihm zu folgen. Als die beiden zögerten, kam es wieder zurück.

»Ich sehe, dass manche Steine rutschig sind«, sagte das Mädchen. »Doch ich beurteile die Rutschigkeit nicht mit den Augen, sondern mit den Füßen. Ich denke nicht daran, welche Steine ich schon betreten habe, und ich mache mir keine Gedanken darüber, wie ich weitergehe. Ich spüre nur den Stein, den ich betrete – und der sagt mir, ob er der richtige ist. Das ist ganz einfach. Das ist der zweite Weg.«

Pentho und Faris hatten genau zugehört – und sie verstanden. Sie versuchten es wieder. Pentho gelang es nach drei Versuchen und Faris schon beim zweiten Mal. Es war wirklich nicht so schwierig, solange man ruhig und achtsam voranschritt. Wenn ein Stein nicht der richtige war, vibrierte er bei der leichtesten Berührung – der Stein warnte davor, ihn zu betreten, wenn man nur aufmerksam war.

Als beide sicher am anderen Ufer standen, bedankten sie sich herzlich bei dem Mädchen. Es lächelte nur und setzte sich wieder den Krug auf den Kopf. Ein Stückchen begleitete es noch die Wanderer, dann nahm es Abschied und sagte: »Seht, hört und spürt den Augenblick – dann werdet ihr den Tempel der Ewigen Freude schnell erreichen!«

* * *

Ob wir wohl am Ende unseres Lebens in den Himmel kommen? Ob wir ins Paradies eingehen werden? Wer weiß ...?

Vielleicht sind diese Fragen aber gar nicht so wichtig, denn es wäre ohnehin falsch, den Himmel als etwas anzusehen, was erst nach unserem Tod auf uns wartet. Der Himmel ist längst im Hier und Jetzt, und er ist viel näher, als du denkst. In der Bibel heißt es: »*Denn sehet: Das Reich Gottes ist inwendig in euch*« (Lukas 17, 21).

Mystiker aller Religionen betonen seit jeher, dass der Himmel nicht etwa in weiter Ferne, sondern schon hier, im »ewigen Jetzt«, erfahrbar ist. Und Mystiker beschäftigen sich ihr Leben lang mit der Frage nach Gott, dem Himmel und dem Sinn des Lebens – wenn die es nicht wissen, wer dann?

> »*An das Jenseits soll man nicht nur glauben müssen.*
> *Das Jenseits soll man auch erfahren,*
> *schon inmitten dieses Lebens.*«
> Samuel Huber

Vielleicht geht es dir wie den meisten Menschen: Es fällt dir schwer, dich mit dem lebendigen Augenblick zu verbinden, da es in deinem Kopf zugeht wie in einem Bienenschwarm. Das ist normal – einfach deshalb, weil es eben leider auch normal ist, sich ständig zu zerstreuen und ablenken zu lassen. Die vielleicht wichtigste »Fertigkeit« auf dem geistigen Weg ist die Sammlung. Konzentriert bei einer Sache zu bleiben, immer nur einen Schritt nach dem anderen zu gehen und sich weder von Medien noch von den eigenen spontanen Einfällen ablenken zu lassen ist nicht leicht – doch es lässt sich üben.

Wer regelmäßig meditiert, weiß, wie schön und befriedigend es sich anfühlt, gesammelt zu bleiben. Doch auch im Alltag können wir versuchen, Ablenkungen zu vermeiden. Fernseher, Computer, Smartphones, E-Mails, Musik, eine Flut an Informationen, ausufernde Telefonate und so weiter lenken uns ab und kosten viel Energie. Triff daher weise Entscheidungen und schütz dich selbst.

Wann ist die beste Zeit, um das Licht des Himmels in uns erstrahlen zu lassen?
Jetzt!
Wo ist der beste Ort, um sich zu sammeln und zu meditieren?
Hier!
Wer ist der Meister, der uns auf dem geistigen Pfad am besten begleiten kann?
Der Mensch, der uns in diesem Augenblick begegnet.

In die Gegenwart lauschen

Die folgende Meditation kannst du in der Stille oder auch zwischendurch im Alltag einsetzen.
Phase 1: Schließ die Augen, wenn das gefahrlos möglich ist. Registriere alle Geräusche in deiner Umgebung. Lausch intensiv nach außen. Ganz gleich, ob Geräusche aus der Nähe oder von weit weg kommen, ob sie laut oder leise, angenehm oder unangenehm sind – bewerte und analysiere die Klänge nicht. Ob du nun dem Wind oder dem Rauschen der Autobahn zuhörst, nimm einfach nur die Klänge in dich auf, und »lass sie durch dich hindurchfließen«.
Phase 2: Richte deine Achtsamkeit jetzt darauf, nach innen zu lauschen. Hör den Geräuschen deines Geistes zu oder auch der Stille. Frag dich einfach nur: »Welche Geräusche tauchen in diesem Moment aus meinem Inneren auf?« Versenk dich ganz in das Hören. Ob du Gedanken und Selbstgesprächen oder der Stille in deinem Geist zuhörst, ist gleich. Bewerte nichts, sondern versenk dich vollständig ins Lauschen. Lass geistige und körperliche Anspannungen dabei so weit als möglich los.

»Die Gegenwart ist die einzige Zeit,
die uns in Wahrheit gehört und die wir
dem göttlichen Willen gemäß gebrauchen sollten.«
Blaise Pascal

6. Verwandle Gebundensein in Verbundensein

*»Du und ich – wir sind eines.
Ich kann dich nicht verletzen,
ohne zugleich auch mich selbst zu verletzen.«*
Mahatma Gandhi

Wir existieren bekanntlich nicht allein auf der Erde – über sieben Milliarden Menschen bewohnen sie. Nur sehr wenige davon bilden die Gemeinschaft, in der wir leben, und mit noch viel weniger Menschen fühlen wir uns wirklich verbunden. Das Zusammenleben mit anderen kann zu einem großen Problem werden – ebenso aber zu einem außergewöhnlichen Geschenk. Ob Ersteres oder Letzteres der Fall ist, hängt sehr von deiner inneren Haltung und deiner Fähigkeit zu lieben ab.

Der Weg wurde nun immer steiler, und bald schon gerieten die beiden Wanderer ins Keuchen; oder eher war es so, dass einer für zwei keuchte. Dem Esel machte der Anstieg nichts aus.
»Eigentlich sollten wir langsam mal da sein!«, schnaufte Pentho.
Faris schüttelte den Kopf. »Es sind sieben Wächter, hat der Blinde gesagt.«
»Vielleicht hat er sich ja verzählt«, sagte Pentho. »Schließlich ist er ja blind.«
Faris machte eine Ohrenbewegung, die ungefähr dem entspricht, wenn Menschen die flache Hand gegen die Stirn schlagen.

»Aber wir sind erst vier Wächtern begegnet!«, sagte Pentho.

»Vergiss das Mädchen nicht, das uns über den Fluss geholfen hat!«

»Aber sie hat nichts davon gesagt, dass sie eine Wächterin ist.«

»War das nötig? Haben wir nicht etwas sehr Wertvolles von ihr gelernt?«

»Ja, schon ...«

Die beiden waren so in ihr Gespräch vertieft, dass sie nicht bemerkt hatten, wie sie von einer Gruppe kleiner Gestalten in weiten grünen Kapuzenumhängen eingekreist worden waren.

Wie ein Mann sprachen die Gestalten: »Hier geht es nicht weiter. Dieser Weg ist für die Mitglieder des Stammes.«

Faris und Pentho sahen sich an. Sie wollten nicht mit diesen Leuten kämpfen. Immerhin waren sie offenbar die Bewohner dieses Teils des Berges.

Pentho zuckte mit den Schultern. »Komm, Faris, lass uns einen anderen Weg suchen.«

Und wieder sprach die Gruppe wie einer: »Ihr könnt nicht zurück.«

Faris versuchte, unter die Kapuzen zu sehen, doch das war, wie durch das dichte Blätterdach eines Waldes in den Himmel zu blicken.

»Wir dürfen nicht vorwärts und nicht zurück – wohin sollen wir denn?«, rief Pentho.

Und Faris fragte mit drohendem Unterton in der Stimme: »Sind wir etwa Gefangene?«

Und die Gestalten raunten: »Gefangen in eurem Geist. Werdet eins mit dem Stamm, und ihr seid frei.«

* * *

Wie viele Menschen gibt es, für die du dein Herz geöffnet hast? Fühlst du Freude und Wärme, wenn du an sie denkst? Wie würde es sich wohl anfühlen, wenn du noch sehr viel mehr Menschen in dein Herz schließen könntest? Im Buddhismus gibt es folgendes Gelübde: »Ich gelobe, mich für jeden Menschen zu öffnen, der mir begegnet. Ich werde niemanden aus meinem Herzen ausschließen.« Ist das schwierig? Natürlich. Niemand sagt, dass es leicht ist – und doch ...

Liebe in Freiheit
und befreie dich vom Anhaften

Die Wanderer folgten den grünen Gestalten in eine Art Dorf, eine Gruppe von Erdhügeln im Wald. Die Wächter führten sie in den größten dieser Wohnhügel. In der Mitte des Raums brannte ein kleines Feuer. Die Wächter setzten sich um das Feuer herum. Zwei Plätze waren frei. Zögernd setzten sich auch Pentho und Faris. Einige Minuten herrschte Schweigen, bis Faris schließlich herausplatzte: »Jetzt sagt schon, was wir tun müssen, damit wir zum Tempel weitergehen dürfen.«

»Genau!«, rief Pentho. »Und warum haltet ihr uns überhaupt gefangen?«

Die Blicke aller wandten sich ihnen zu. Mit einer gleichzeitigen Bewegung zogen sie sich alle die Kapuzen vom Kopf. Ihre Gesichter waren zart wie junge Blätter und auch von deren Farbe. Ihre Augen aber strahlten blau wie der wolkenlose Himmel über den Blättern. Diese Augen sahen sie eine Weile an – dann begannen die grünen Gestalten, Pentho nannte sie bei sich die »Blattmenschen«, seltsam zu zucken und stießen merkwürdige Geräusche aus. Dieses Zappeln und Japsen wurde immer stärker – bis Pentho und Faris schließlich merkten, dass sich ihre Gastgeber vor Lachen auf dem Boden krümmten. So wie sie gemeinsam angefangen hatten zu lachen, so hörten sie auch gemeinsam auf und sprachen: »Ihr glaubt, dass wir euch gefangen halten? Im Gegenteil: Wir sind dazu da, euch zu helfen, zum Tempel zu gelangen.«

»Aber …«, begann Pentho.

»… warum können wir nicht einfach weitergehen?«, sagte Faris.

»Lasst uns euch eine kleine Geschichte erzählen.«

Die zwei Hunde
Es lebten zwei Hunde auf zwei benachbarten Höfen. Als sie sich das erste Mal sahen, beschnupperten sie sich freundlich durch den Zaun, der die beiden Höfe trennte.

Der eine Hund sprach: »Mein Mensch ist furchtbar! Wie ist deiner?«

Der zweite Hund antwortete erschrocken: »Schlägt er dich etwa? Mein Mensch ist sehr gut zu mir, und ich bekomme reichlich zu essen.«

»Nein, er schlägt mich nicht«, *antwortete der erste Hund.* »Aber ich bin gefangen. Und wenn ich mit meinem Menschen spazieren gehe, bin ich immer an eine Leine gefesselt. Ich versuche zwar jedes Mal, mich loszureißen oder das Halsband abzustreifen. Aber das gelingt mir nie. Und der Herr ist dann böse auf mich und sagt: ›Böser Hund.‹ Ich habe auch versucht, ein Loch unter den Zaun zu graben. Da wurde er ebenfalls böse und hat nun Steine dorthin gelegt. Dabei wäre ich so gern frei!«

»Oh, das ist nicht schön«, *sagte der zweite Hund nachdenklich.* »Bei uns ist das Tor immer offen, und ich muss nie an die Leine.«

Der erste Hund sah ihn neidvoll an. »Ach, du hast es gut. Aber sag mal: Warum läufst du dann nicht einfach weg?«

Der zweite Hund blickte erstaunt. »Warum? Weil ich meinen Menschen liebe!«

* * *

> *»… denn der Himmel ist die Liebe,*
> *und die Liebe ist der Himmel.«*
> Walter Scott

»Liebe« ist ein dehnbarer Begriff. Alle sprechen immerzu von Liebe – der Soldat, der sein Vaterland liebt, der Geschäftsmann, der seine Segelyacht liebt, der verknallte Teenager, der eifersüchtige Ehemann … Wir »lieben« Kinofilme, Ziegenkäse oder den Duft einer Duschlotion. Doch wie viele Menschen gibt es, die wirklich lieben können – die selbstlos und absichtslos lieben und die Güte des Himmels ausstrahlen?

Suchst du dein Glück in deinen Beziehungen zu deinem Partner, deinen Kindern oder Freunden? Dann solltest du achtgeben, dass du nicht zum Opfer deiner Projektionen wirst. Wenn andere nicht erfüllen, was wir zu brauchen glauben, wenn unser hungriges Herz nicht gesättigt wird, weil andere sich nicht so verhalten, wie wir es von ihnen erwarten, dann wird Liebe schnell in Enttäuschung, Groll und Bitterkeit umschlagen. Geschieht dies öfter, so werden unsere Beziehungen immer problematischer. Die Liebe ist daran allerdings nicht schuld, sondern einzig unser Anhaften, das wir mit Liebe verwechseln.

> *»Weil er sich selbst in allem anderen wiedererkennt,*
> *durchstrahlt der Erwachte die ganze Welt*
> *mit einem Herzen voller liebender Güte,*
> *Mitgefühl, Freude und Gleichmut.«*
> Buddha

Erregung, Romantik, Eifersucht, Anhänglichkeit, Tauschhandel oder Besitzansprüche – sie alle sind Varianten unechter Liebe. Weise Liebe fordert nichts, erwartet nichts, sucht nichts. Sie ist kein Gefühl, das kommt und geht, sondern eine Art zu leben.

Meditation: Mögest du glücklich sein

Wenn du eine große Liebende, ein großer Liebender werden willst, dann frag nicht: »Was werde ich bekommen?« Überleg dir stattdessen, was du schenken und hingeben kannst. Durch eine einfache Meditation kannst du dein Herz weit werden lassen. Zieh dich regelmäßig kurz zurück. Setz dich entspannt hin, schließ die Augen, und lass deinen Atem zur Ruhe kommen.
Denk an jemanden, der dir sehr nahe steht. Stell zum Beispiel deinen Partner, dein Kind oder einen Elternteil (der auch bereits verstorben sein kann) vor dein inneres Auge. Lächle sanft, öffne dein Herz, und wiederhole innerlich mehrmals die Worte: »Mögest du glücklich und geborgen sein.«
Wiederhole diese Übung dann, indem du dir anschließend jeweils einen ausgewählten Menschen vor dein inneres Auge holst:
- einen Freund oder eine Freundin,
- einen Kollegen oder Bekannten,
- einen »schwierigen« Menschen, mit dem du Probleme hast.

Du stärkst deinen »Herzmuskel« am besten, wenn du diese Meditation oft durchführst und dabei immer wieder andere Menschen in deiner Vorstellung erscheinen lässt.

Die Haltung, mit der wir anderen begegnen, gestaltet die Beziehung zu ihnen. Worte spielen dabei eine wichtige Rolle, denn deine Worte haben große Macht. Liebevolle Achtsamkeit entfaltet sich durch liebevolles Handeln und Sprechen. Wählst du aggressive, verletzende Worte, wird dies deine Beziehungen vergiften. Wählst du freundliche, sanftmütige und aufrichtige Worte, wird dies deine Beziehungen heilen.

Du bist nicht allein

Sie waren kaum zwei Tage bei dem »Grünen Stamm« – so nannten sich die Blattmenschen –, da fühlten sich Pentho und Faris beinah, als ob sie zur Familie gehörten. Doch sie merkten, dass sie anders waren als die Blattmenschen. Faris fühlte sich einsam. Er war nicht mal ein Mensch, sondern eine Kuriosität, ein sprechender Esel. Das hatte ihn bislang nie gestört. Doch nun sehnte er sich nach jemandem wie ihm. Jemandem, der einmalig war. Die Unlogik dieses Gedankens fiel ihm gar nicht auf.

Da begannen die Blattmenschen zu summen, und vor dem Hintergrund dieses Summens schwebte eine Stimme …

Der kleine Stern
Es ward einst auf unserer Erde ein kleiner Stern geboren. Es war ein herrlicher Sommertag. Doch das Sternchen fühlte sich einsam und allein, da es doch ganz anders war als die Wesen unserer Erde. Es suchte im Meer, doch da fand es nur einen Seestern. Es suchte auf den Gipfeln der Berge, doch da fand es nur einen Schneestern. Es suchte in den tiefsten Höhlen, doch da war es im Finstern und fand gar nichts.

Traurig legte sich das Sternchen auf eine grüne Wiese und blickte auf zum blauen Himmel. Und als es eine Weile geblickt hatte, wurde es allmählich dunkel am Himmel. Da leuchteten Tausende von Sternen und riefen ihm fröhlich zu: »Wir waren immer da, doch du konntest uns nicht sehen. Wir riefen nach dir, doch du konntest uns nicht hören. Aber nun hörst und siehst du uns!«

Und das kleine Sternchen lachte und war froh, und sein Herz wurde glühend warm, denn nun wusste es, dass es nicht allein war, niemals allein gewesen war und nie mehr allein sein würde. Es schwang sich hinauf in den Himmel und tanzte mit seinen vielen Brüdern und Schwestern den Tanz der Galaxie.

* * *

*»Eins zu sein mit allem,
das ist das Leben der Gottheit,
das ist der Himmel des Menschen.«*
Friedrich Hölderlin

Isolation ist eine Illusion. Das Gefühl, einsam zu sein, entsteht, weil wir nicht tief genug schauen und empfinden können. In Wahrheit ist das ganze Universum ein lebendiges Wesen, in dem alles miteinander verbunden ist. Wir alle sind Teil eines komplexen Netzes von Beziehungen, sind voneinander abhängig und miteinander verbunden.

Deutlich wird dieses »Ineinander-verwoben-Sein« vor allem in der Beziehung zwischen Mensch und Natur: Der Mensch kann nur dann gesund und heil sein, wenn die Natur es auch ist. Umgekehrt wird auch die Natur vergiftet, wenn der Mensch von Geistesgiften wie Gier, Hass und Dummheit beherrscht wird.

*»Freundschaft verdoppelt unsere Freude und
halbiert unseren Schmerz.«*
Marcus Tullius Cicero

Die enge Verbundenheit zu anderen Menschen ist nicht nur ein Weg zu Erfüllung und Glück: Indem wir auf unseren Nächsten zugehen und uns auf ihn einlassen, können wir uns selbst im Du erkennen und auf diese Weise erst ganz werden. Während wir mit unserem Partner oder unserer besten Freundin das Gefühl von Gemeinsamkeit und Einheit noch relativ leicht erfahren können, empfinden wir uns mit den meisten Menschen in unserem Umfeld als nicht sonderlich verbunden. Das ist auch der Grund, warum wir uns manchmal unendlich einsam fühlen.

Einsamkeit ist eine Krankheit unserer Zeit. Das Konzept der Großfamilie hat ausgedient, Ehen zerbrechen, Internet-Chats haben echte Gespräche ersetzt, selbst junge Menschen haben es verlernt, miteinander zu reden, und die Anonymität der Großstadt fördert Kontakte auch nicht gerade. Doch noch stärker als äußere Faktoren tragen innere dazu bei, dass Einsamkeit, Entfremdung und Isolation um sich greifen: Wissenschaftliche Untersuchungen haben gezeigt, dass Einsamkeitsgefühle fast immer von negativen Einstellungen uns selbst und anderen gegenüber verursacht werden.

Fällt es dir schwer, Kontakt zu anderen aufzunehmen? Dafür könnte es einige »selbst gemachte« Gründe geben:

- *Negative Glaubenssätze*: Du glaubst, dass du nicht liebenswert bist. Da du dich selbst nicht magst, hast du Angst, von anderen abgelehnt zu werden.
- *Egoistische Ziele*: Andere Menschen sind dir nicht besonders wichtig, da du dich auf deine Karriere konzentrierst, besondere Leistungen bringen oder dich selbst »verwirklichen« willst.
- *Schüchternheit*: Du traust dich nicht, auf andere zuzugehen. Es fehlt dir an Übung. Daher hast du Angst, etwas »Dummes« zu sagen, oder davor, dass andere abweisend reagieren.

Wovor hast du Angst?
Woran sind deine bisherigen Freundschaften zerbrochen?
Welche Qualitäten müsstest du entwickeln, damit es dir leichter fällt, erfüllende Beziehungen zu anderen aufzubauen? Vertrauen? Selbstliebe? Mut? Humor? Gelassenheit?

*»Der einzige Weg, einen Freund zu gewinnen,
besteht darin, selbst einer zu sein.«*
Ralph Waldo Emerson

Du bist nicht allein. Und du fühlst auch nicht allein. Die Spiegelneuronen – ein weitverzweigtes System von Nervenzellen – erklären auf biologischer Ebene, was wir alle längst wissen: Gefühle sind ansteckend. In einem Raum voller Miesepeter wirst du dich nicht wohlfühlen. Umgekehrt solltest du dir aber bewusst sein, dass deine Gefühle auch auf andere wirken.

Lachen und Freude sind infizierend. Und sogar deine innere

Ruhe überträgt sich auf die Menschen, mit denen du zusammen bist. Das Gesetz der Anziehung besagt: Was du ausstrahlst, das ziehst du auf magische Weise an.

Das heißt nun nicht, dass du zur Stimmungskanone mutieren solltest. Um wertvolle und tiefe Beziehungen zu schaffen, sind Mitgefühl, Heiterkeit und Sanftmut viel wichtiger als das »Spaßhaben«. Diese positiven Qualitäten ermöglichen es dir, besser zuzuhören, Verständnis zu entwickeln und auch etwas Inneres von dir selbst preiszugeben. Allein durch Offenheit und Wärme kannst du dazu beitragen, die Menschen, denen du begegnest, ein klein wenig von ihren Sorgen, Belastungen und Leiden zu befreien.

> »Wir müssen unseren Nächsten lieben –
> entweder weil er gut ist oder damit er gut werde.«
> Augustinus von Hippo

Ich bin okay, du bist okay

Pentho und Faris waren nun nicht mehr die Wanderer, sondern die Freunde der Blattmenschen. Doch das war nicht ihre Bestimmung, und so erhoben sich ihre Gastgeber. Als sie des Abends um das Feuer versammelt saßen, sprachen sie mit einer Stimme: »Morgen früh gehen wir zum Tempel.«

Faris und Pentho wussten nicht, ob sie lachen oder weinen sollten. Sie waren überrascht und hatten nicht im Entferntesten daran gedacht, dass sie so bald weiterreisen sollten. Sie fühlten sich den Blattmenschen verbunden wie einer liebevollen Familie.

»Nun seid ihr nicht mehr die Gefangenen eures Geistes. Nun seid ihr Teil des Stammes. Worauf wollt ihr warten?«

Faris nickte und sagte nachdenklich: »Wohin wir auch gehen, so sind wir doch ein Teil des Stammes.«

Und das Summen der Blattmenschen klang wie das Lachen eines fröhlichen Bächleins.

»Doch wir sind anders als ihr«, sagte Pentho. »Wir sind nicht wirklich eines, wie ihr.«

»Ja, aber ihr seid ja auch nicht wir.«

Schuster, Schreiner, Schmied

Im Dorf gab es drei fleißige Handwerker, die waren gute Freunde von Kindheit an. Als sie zu Männern herangewachsen waren, nahmen sie sich drei brave Frauen. Und kaum war ein Jahr vergangen, wurden die drei Handwerksmeister stolze Väter von drei Söhnen. Und sie sprachen untereinander, dass jeder seinen Sohn sein Handwerk lehren würde und sich auf diese Weise ihre Freundschaft immer weiter fortsetze.

Die Söhne jedoch waren nicht in den Plan der Väter eingeweiht. Und wären sie es gewesen, es hätte wohl nichts geändert.

Der Sohn des Schusters ging lieber barfuß. Schuhe mochte er nicht besonders – und schon gar nicht wollte er Schuster werden. Schafhirte, das wäre er gern gewesen. Als er das seinem Vater kundtat, tobte dieser und schrie: »Du Taugenichts! Du willst deinen Vater nicht ehren? Du verachtest mein Handwerk, das ich dich lehren will? Wozu habe ich dich großgezogen? Geh mir aus den Augen!«

Das tat der Sohn denn auch, allerdings nicht ohne den Beutel Goldmünzen mitzunehmen, den sein Vater versteckt hatte. Er lebte bald unter den Räubern, bis er gefangen wurde und lange im Kerker schmachten musste. Der Schuster, voller Trauer, Wut und Scham, wurde bald schwach und krank und starb.

Der Sohn des Schreiners musste immer niesen, wenn ihm Sägemehlstaub in die Nase geriet. Er konnte Eichen- nicht von Kirschholz unterscheiden, und was er sägte, wurde krumm und schief. Er las viel lieber und wäre gern Lehrer geworden. Doch als er dies seinem Vater sagte, weinte der. »Was habe ich nur falsch gemacht? Ich habe dir nicht die Freude am Holz zeigen können – was bin ich für ein schlechter Vater und Lehrmeister gewesen!«

Das nahm sich der Sohn zu Herzen und erklärte, dass er in Wahrheit doch das Schreinerhandwerk liebe und er nur wünschte, die Werkstücke gelängen ihm besser. Das würde er gern vom Vater lernen. Und so wurde er denn Schreiner. Der schlechteste weit und breit. Seine Stühle wackelten, und seine Betten brachen manchmal zusammen, vor allem wenn sie von jungen Leuten bestellt worden waren.

Der Sohn des Schmieds war wie sein Vater ein kräftiger Mann. Doch er war eben nicht sein Vater. Sein Herzenswunsch war, Schneider zu sein. Erhobenen Hauptes sagte er das seinem Vater und Meister. Sein Vater zog die Augenbrauen hoch. Dann sagte er: »Ich könnte nie Schneider sein. So fein mit einer kleinen Nadel umzugehen, das ist wirklich eine Kunst. Wenn du das Schneiderhandwerk erlernen willst, werde ich dir die schärfsten Scheren und die feinsten Nadeln schmieden!«

Dann umarmten sich Vater und Sohn, und der Sohn wurde Schneider. Er hatte nicht nur die schärfsten Scheren und die feinsten Nadeln, sondern auch das fröhlichste Gemüt und die größte Kunstfertigkeit, sodass er schon in jungen Jahren zum Hofschneider des Fürsten ernannt wurde.

* * *

Auf die Idee, von einer Biene zu verlangen, sie möge sich doch bitte in einen Zitronenfalter verwandeln, käme wohl niemand. Eine Biene ist eine Biene. Ein Zitronenfalter ist ein Zitronenfalter. Das weiß jedes Kind. Warum aber glauben wir dann nur, dass andere Menschen nicht so sein sollten, wie sie nun einmal sind? Und warum glauben wir zudem auch noch, dass sie sich ausgerechnet unseren Vorstellungen anzupassen hätten?

*»Wie sollte man wohl leben,
wenn man nicht fortwährend bei sich wie bei den andern
hunderterlei Krumm gerade sein ließe.«*
Christian Morgenstern

Vielleicht gibt es ja einige Menschen, von denen du denkst, dass sie nicht so sein dürfen, wie sie sind: deine Kinder, Eltern, Freunde womöglich – oder noch wahrscheinlicher deine Schwiegermutter, bestimmte Kollegen oder dein Chef. Dann hast du zwei Möglichkeiten.

1. Du kritisierst die anderen, nörgelst offen oder heimlich an ihnen herum und versuchst, sie in irgendeiner Weise zu manipulieren und zu verändern.
2. Du erkennst, dass jeder Mensch einzigartig und eigen ist, versuchst, den anderen zu verstehen, lässt deine Ansprüche los und akzeptierst, dass es eben viele unterschiedliche Wege gibt, auf dieser Erde zu wandeln.

Entscheidest du dich für die erste Möglichkeit, wird das viel Stress erzeugen, und die Menschen werden sich von dir abwenden. Wählst du aber die zweite, gewinnst du Gelassenheit und inneren Frieden. Und da du die Freiheit der anderen respektierst, werden sie deine Nähe suchen.

Jedes Mal, wenn du andere oder dich selbst ablehnst, stehst du deinem inneren Licht im Weg. Und je lauter du Nein sagst – zu deinem Aussehen, deinem Verhalten, deinen Schwächen oder Eigenheiten oder denen der anderen –, desto größer wird der Schatten, desto bedrückender die Dunkelheit.
Licht oder Dunkel – du hast es in der Hand ...

Nähre das Gute in dir und in den Menschen, die dir nahestehen. Beurteile nicht ständig, richte nicht, auf dass du nicht gerichtet werdest. Verurteile weder dich selbst noch andere. Schenk dir selbst und deinen Mitmenschen lieber alle Unterstützung, zu der du fähig bist. Je mehr du gibst, desto reicher und erfüllender werden deine Beziehungen werden.

Gibt es Menschen, die dich ärgern, die dich wütend oder niedergeschlagen machen?
Aber wie »machen« die das eigentlich? Ist es nicht *dein* Ärger, *deine* Wut, *deine* Niedergeschlagenheit?
Wenn du das Entstehen und Vergehen deiner Gefühle achtsam beobachtest, wirst du erkennen, wie sehr deine Einstellungen und Gedanken diese Gefühle erzeugen.
Was, wenn du gelassener und mitfühlender reagiertest? Was, wenn du vollkommen loslassen könntest – deine Erwartungen, deine Wünsche, dich selbst ...?

Negative Gefühle lassen sich leicht trainieren. Je öfter du gegenüber anderen wütend oder aggressiv reagierst, desto mehr wächst dein Potenzial, Wut oder Aggression zu empfinden. Doch auch positive Gefühle lassen sich leicht kultivieren: Je öfter du es schaffst, dich selbst oder andere »okay« zu finden und »sein« zu lassen, je öfter du dir und anderen mit Güte, Mitgefühl und Verständnis begegnest, desto mehr werden diese wunderbaren Kräfte in dir wachsen.

»Toleranz ist immer und überall eine Frage
der inneren Selbstbefreiung.«
Johann Gottfried von Herder

7. Vergiss den Himmel nicht

*»Sobald es Licht wird in dem Menschen,
ist auch außer ihm keine Nacht mehr.«*
Friedrich von Schiller

Du bist frei. Mach, was du willst – geh deinen Geschäften nach, verdiene Geld, fahr deine Kinder in die Schule, lerne Saxofon, lass dir die Haare färben, lies einen Krimi … Doch was immer du auch tust, wo immer du auch sein magst und mit wem du zusammen bist: Vergiss den Himmel nicht! Vergiss deine eigentliche Heimat nicht, denn sonst wird mit der Zeit all dein Tun oberflächlich und öde werden.

*»Wer nur in der Erde gräbt,
wird nie den Himmel finden.«*
Aus China

Kaum hatten die Blattmenschen die Geschichte von den drei Handwerkern beendet, machte der Weg eine Biegung, und der Tempel lag vor ihnen. Drei glatzköpfige Männer traten aus dem Tor des Tempelgartens und verneigten sich vor ihnen. Die Blattmenschen verneigten sich ebenfalls, wandten sich um und gingen den Weg zurück, den sie gekommen waren. Pentho und Faris standen da und sahen sich erstaunt an. Es war vielleicht eine Viertelstunde Weges vom Dorf aus gewesen. Der Tempel war die ganze Zeit so nah gewesen!

Nun verneigten auch sie sich und wurden in den Tempelgarten geführt.

»Meine Herren, einen Moment noch!«, rief Faris den Glatzköpfigen zu. »Wir möchten bitte mit dem Abt sprechen.«

»Ja«, sprudelte Pentho hervor. »Den Sternenschlüssel ... Autsch!« Faris hatte ihm schmerzhaft auf die Zehen getreten.

Die drei Männer wiesen auf den Gärtner, der mit einem Rechen Muster in einen Steingarten malte. Er trug einen blauen Umhang und hatte einen gewaltigen Schlapphut auf dem Kopf. Als die Wanderer sich dem Gärtner näherten, wandte er sich ihnen zu, hob eine Hand und sprach: »Hört die Stille ... seht den Himmel ... lasst die Gedanken schweigen.« Er winkte ihnen, ihm zu folgen. Sie traten in eine kleine Kammer am Rande des Tempels; dort lebte der Gärtner offenbar. Er setzte ihnen Tee vor und begann mit einer leisen, aber den Raum erfüllenden Stimme zu sprechen. Er erzählte von Blumen und Steinen, von Licht und Feuer, von Wasser und Leben, Sonne und Sternen ...

* * *

Den Lauf der Welt kannst du nicht verändern. Auch auf das, was dir im Leben geschieht, hast du relativ wenig Einfluss. Aber in einer Sache bist du völlig frei: Du kannst deine Aufmerksamkeit lenken, wohin du willst. Du kannst deine Achtsamkeit auf das richten, was dir wichtig erscheint. Und somit liegt es auch ganz in deinen Händen, ob all dein Tun und Streben einzig irdischen Dingen gilt oder ob du dich jenseits davon auf die Weite und das Licht des Himmels in dir ausrichten willst.

> *»Es mag wohl mühevoll sein, den Himmel zu erlangen,*
> *doch für unsere Seele ist es eine Heimkehr.«*
> Lucius Annaeus Seneca

Dem Fluss des Lebens vertrauen

»Hört gut hin!«, sagte der Gärtner und hob eine Hand. Pentho und Faris lauschten. Aber da gab es nichts zu hören.

»Das«, sagte der Gärtner schließlich, »ist der Klang des Flusses des Lebens.«

»Ich kann nichts hören«, sagte Faris. »Und meine Ohren sind schließlich groß genug.«

»Ihr könnt den Klang des Flusses nicht hören, weil ihr euch so bemüht, ihn nicht zu hören.« Der Gärtner klang belustigt. »Es ist ganz einfach. Werdet mühelos.«

»Wird nicht alles besser, wenn man sich bemüht?«, fragte Pentho.

»Das Wasser aus der Quelle sucht nicht nach dem Meer, doch es findet es. Es folgt seiner Natur. Kommt es an ein Hindernis, handelt es, ohne zu zögern, ohne zu wollen, ohne nicht zu wollen. Es fließt vorbei, steigt darüber hinweg oder schiebt es beiseite, gerade so, wie es am besten ist. Ohne sich zu bemühen, tut es all das. Und ohne Landkarte findet es das Meer.«

* * *

Das Himmelreich können wir nicht erlangen, indem wir unsere Willenskraft einsetzen, die Zähne zusammenbeißen und kämpfen. Es gibt nur einen Weg, der ans Ziel führt: Wir müssen uns dem Fluss des Lebens anvertrauen, uns tragen lassen und geduldig und sanftmütig sein. Mit der Zeit werden wir so ganz von selbst erkennen, dass das Reich Gottes längst in uns liegt und der Himmel nur einen Atemzug weit entfernt ist.

Solange wir versuchen, gegen den Strom anzuschwimmen, werden wir nie loslassen können. Solange wir nicht bereit sind loszulassen, werden wir weder echte Ruhe noch Gelassenheit erfahren. Ohne gelassen zu sein und in uns zu ruhen, können wir aber nicht in die Tiefe schauen; und so werden wir die Schätze übersehen, die dort auf uns warten.

Auf dem spirituellen Pfad geht es immer nur darum, die unendliche Weite zu erkennen, die sich erst jenseits unserer egoistischen Bestrebungen offenbart. Für die Schönheit des Himmels können wir uns erst öffnen, wenn wir damit aufhören, uns in unseren weltlichen Sorgen und Nöten zu verstricken.

*»Du sollst wissen, dass sich noch niemals
ein Mensch in diesem Leben in die Tiefe hinein
selbst so sehr gelassen hat,
dass er nicht noch mehr für sich zu lassen fände.«*
Meister Eckhart

Dem Fluss des Lebens zu vertrauen ist kein Wettschwimmen. Der Strom des Flusses trägt uns ganz von allein durch alle Stationen unseres Lebens – auch durch Engpässe und Stromschnellen. Abgesehen von etwas Mut, brauchen wir vor allem Geduld. Den Dingen ihren Lauf zu lassen, ohne ständig eingreifen zu wollen, klappt nicht ohne Ruhe und Geduld. Das heißt aber nicht, dass wir passiv bleiben müssten. Denn auch wenn wir nach außen hin aktiv sind und uns unseren Aufgaben stellen, können wir dabei innerlich doch friedvoll und still bleiben.

Indem du achtsam und geduldig handelst, befreist du deinen Geist augenblicklich von Hast und Unruhe.
Indem du den Dingen ihre Zeit lässt, statt ungeduldig an ihnen zu reißen, wird sich der Erfolg ohne Mühe einstellen.
Indem du frei von Absicht handelst, gibt es am Ende doch nichts, was ungetan bliebe.

In schweren Zeiten den Himmel finden

Der Gärtner zeigte ihnen, wie man den Steingarten pflegte. Er zeigte ihnen Blumen, in denen sich das Mondlicht spiegelte, und Blüten, die aus sich selbst heraus zu strahlen schienen. Allmählich begriffen die beiden Wanderer, dass alles Schöne nicht aus dem Bemühen kam, und dann und wann glaubten sie, das leise Rauschen des Flusses des Lebens zu vernehmen.

Beinah hätten die beiden vergessen, warum sie eigentlich zum Tempel der Ewigen Freude gekommen waren. Es war wie bei dem Stamm der Blattmenschen – sie fühlten sich eins mit sich selbst und dem, was um sie herum war. Daher mussten sie sich erst einen Moment besinnen, als der Gärtner sprach: »Nun werde ich euch in den Tempel bringen.«

»Werden wir dort den Abt sehen?«

»Ich glaube schon.«

»Und werden wir den Sternenschl… Autsch!« Faris brachte Pentho mit einem Tritt zum Schweigen. Der Gärtner musste ja nicht unbedingt wissen, was sie vom Abt wollten.

Der Gärtner lachte leise. »Lasst geschehen, was geschieht …«

* * *

Im Fluss zu bleiben ist relativ leicht, solange alles rundläuft. Doch was, wenn Dinge passieren, die unser bisheriges Leben gründlich aus der Bahn werfen? Können wir uns dann immer noch vom Fluss des Seins tragen lassen? Oder ist es vielleicht umgekehrt: Führen nicht gerade Krisen dazu, dass wir loslassen und uns Gott, dem Himmel oder der Weisheit des Universums anvertrauen können?

Wenn auch auf ganz unterschiedliche Weise, so spielt das Leiden sowohl im Buddhismus als auch im Christentum eine zentrale Rolle. Die Schläge des Schicksals nicht nur hinzunehmen, sondern aus ihnen Kraft zu schöpfen, um wieder zum Licht aufzusteigen, ist ein Kerngedanke christlichen Glaubens. Buddhisten sehen das Leiden als unabänderlichen Teil unseres Lebens, wissen aber zugleich um die Möglichkeit, es zu überwinden. Leiden in Form von Verlusten, Trennungen, Krankheiten oder Schmerzen belasten natürlich jeden Menschen – doch nicht selten sind sie es auch, die uns für den geistigen Weg öffnen, der uns letztlich in die Freiheit führt.

*»Jedes Leben hat sein Maß an Leid.
Doch ebendieses Leiden
kann zum Erwachen führen.«*
Buddha

Buddha war sich der Tatsache sehr bewusst, dass Leben immer auch mit Leiden und Krisen einhergeht. Er sagte: »*Geburt ist Leiden, Alter ist Leiden, mit ungeliebten Menschen zusammen sein zu müssen, von Geliebten getrennt zu sein, nicht zu erreichen, was man sich wünscht – all das ist Leiden.*« Dabei können wir das Wort »Leiden« übrigens getrost durch »Krise« ersetzen – und etwas zeitgemäßer noch hinzufügen: Auch Scheidungen, Jobverlust, Burn-out oder Lebensphasen des Übergangs wie die Pubertät oder die Midlife-Crisis sind Formen des Leidens.

Wenn das Alte zusammenbricht und das Neue noch nicht sichtbar ist, stehen wir an einer Weggabelung. Der eine Weg führt in die Verzweiflung, die Resignation und womöglich irgendwann in die Selbstzerstörung. Der andere führt uns zu der Frage: »Was ist noch da? Welche neuen und vielleicht sogar sinnvolleren Möglichkeiten gibt es weiterzuleben?«
Verzweifeln und untergehen oder innerlich wachsen und frei werden – welchen Weg wirst du einschlagen, wenn es einmal so weit ist?

»*Alles ist vergänglich
und somit leidvoll.*«
Buddha

Im Kern ist jede Krise Ausdruck der Vergänglichkeit. Was immer entsteht, wird irgendwann vergehen – und es ist wichtig, sich das jedes Mal wieder vor Augen zu führen.
Die Einsicht, dass nichts von Dauer ist und wir nichts festhalten können, macht uns oft Angst. Allerdings zwingt uns niemand, an etwas festzuhalten, was uns früher oder später ohnehin durch die Finger rinnen wird …

»*Wer sich seine Schätze im Himmel sammelt,
der braucht keinen Dieb zu fürchten.*«
Bernhard von Clairvaux

Vergänglichkeit ist etwas, was eigentlich nur beunruhigend ist, wenn wir von außen daraufblicken, indem wir darüber nachdenken und reflektieren. In Wirklichkeit leben wir hingegen ohnehin immer nur von Augenblick zu Augenblick. Solange wir ganz in der Gegenwart sind, bleiben wir mit dem ewigen Sein, mit der Weite des Himmels verbunden. Und hier spielt Vergänglichkeit gar keine Rolle, denn der Himmel ist die Heimat der Ewigkeit.

Sich sammeln und
Verbindung aufnehmen

Der Gärtner schloss das Tor zum Tempel auf und trat mit den beiden Wanderern ein. Pentho und Faris blieben ehrfurchtsvoll stehen. Der Raum war wie das Innere einer Höhle, deren Dach der Sternenhimmel ist. In der Mitte war ein kleiner Teich, und aus dessen Mitte entsprang eine Quelle. Der Teich war von saftigem grünem Gras umgeben. Ohne zu zögern, betrat der Gärtner das Grün und ließ sich auf den Boden nieder. Versonnen betrachtete er die Fischlein, die in dem Teich spielten.

»Ähm – Gärtner!«, rief Faris mit unterdrückter Stimme. »Lieber Gärtner, wir warten auf den Abt ...«

Der Gärtner sah ihn an und schien zu lächeln. So genau sah man es unter dem Schlapphut nicht. »Warum?«

Pentho und Faris traten ein wenig näher. »Warum? Warum wir den Abt sehen wollen? Eigentlich ...«, sagte Pentho.

Und Faris setzte den Satz fort: »... geht das nur den Abt etwas an.«

Der Gärtner erwiderte nichts.

Schließlich sagte Faris widerwillig: »Also gut. Wir wollen den Abt um etwas bitten.«

»Wenn ihr es wollt, dann tut das.«

»Aber ...«, begann Pentho zu stammeln.

Faris sah den Gärtner scharf an. »Seid Ihr etwa der Abt?«

»Ja«, antwortete der Gärtner. »Das bin ich wohl. Ich weiß, ihr wollt

den Sternenschlüssel für euren Lehrer. Doch sorgt euch nicht darum, dass er ihn bekommt, sondern dass ihr ihn gebraucht.«

»Das wäre nicht richtig!«, schnaubte Faris.

»O doch«, murmelte der Abt.

»Der Schlüssel ist nicht für uns!«, rief Pentho.

»O doch«, wiederholte der Abt, nahm seinen Schlapphut ab und legte seinen Mantel beiseite. Faris und Pentho starrten ihn mit großen Augen an.

Der Gärtner, der Abt war, war ihr alter Lehrer.

»Seid Ihr nun der Abt, oder seid Ihr es, unser Lehrer?«, flüsterte Faris.

Der Abt seufzte und lächelte dabei. »Ich bin ein Blinder, der euch den Weg weist, ich bin ein winzig kleiner Fährmann, ich bin Abt, und ich bin Lehrer. Und ich bin der Schlüsselwart ...«

* * *

Wenn du das Geheimnis der Ewigkeit ergründen willst, musst du lernen, deinen Blick zu erweitern. Unter dem Titel *Das Magische Auge* kamen vor über zwanzig Jahren die ersten dreidimensionalen Illusionsbücher in die Buchläden. Mit etwas Übung, der richtigen Entfernung zum Bild und der richtigen »Einstellung« unseres Blicks gelingt es, dass aus zweidimensionalen Bildern vor unseren Augen mit einem Mal 3-D-Bilder entstehen. In ähnlicher Weise können wir üben, in unserem Leben von der Oberfläche in die Tiefe zu blicken.

Im Sufismus heißt es, dass das Heilige, Göttliche »hindurchscheint durch das, was erscheint«. Es ist nicht einfach, in scheinbar banalen Phänomenen das Licht des Himmels zu entdecken und den Schleier zu durchtrennen, der die Wirklichkeit verhüllt. Doch durch innere Sammlung lässt es sich üben.

> *»Wer gleich einer Schildkröte,*
> *die ihre Glieder in den Panzer zurückzuziehen vermag,*
> *imstande ist, seine Sinne zu kontrollieren,*
> *indem er sie von den weltlichen Reizen zurückzieht,*
> *der ist mit dem Höchsten Bewusstsein verbunden.«*
> Srimad Bhagavadgita, 58

In den spirituellen Schulen des Ostens kommt der inneren Sammlung eine große Bedeutung zu. Der Zustand vollkommener Versenkung wird dort als »Samadhi« bezeichnet. Dadurch tritt der Meditierende in die göttliche Gegenwart ein und erlangt die vollständige Befreiung. Versenkungstechniken der inneren Sammlung finden wir aber auch im Christentum, etwa im kontemplativen Gebet. Statt an Gott zu denken, zu ihm zu sprechen oder ihn sich vorzustellen, wird hierbei das »ehrfürchtige Schweigen in der Gegenwart Gottes« geübt.

Wenn du dich auf die Ewigkeit ausrichten willst, muss dein Geist still werden. Ständig wühlen Gedanken und Gefühle unseren Geist auf, wie die Wellen das Meer aufpeitschen. Solange in uns Sturm herrscht, können wir das wahre Sein nicht wahrnehmen. Wenn wir jedoch äußerlich und innerlich schweigen, wird es zu uns sprechen.

Die wesentliche Fähigkeit, die zur inneren Sammlung und in die Meditation führt, ist die Konzentration. Durch die richtige, und das heißt offene, entspannte und achtsame Konzentration, können wir unser Bewusstsein über längere Zeit ungestört auf eine bestimmte Sache fokussieren, ohne dabei abgelenkt oder unruhig zu werden. Konzentration gibt uns die Zügel wieder in die Hand und ermöglicht es uns, das wild gewordene Pferd, auf dem wir sitzen, zu beruhigen und entspannt nach Hause zu reiten.

Die Atemkonzentration

Äußere und innere Störenfriede, Reize von außen und umherstreunende Gedanken in Form von Sorgen, Fantasien, Erinnerungen oder Erwartungen erzeugen Unruhe, Unfrieden und kosten viel Energie. Eine einfache Möglichkeit, sich zu sammeln und wieder »zu sich zu kommen«, bietet die Atemkonzentration:

- Nimm dir mindestens zehn Minuten Zeit.
- Setz dich aufrecht, aber bequem hin, und schließ die Augen. Atme einige Male tief durch und komm langsam zur Ruhe.
- Lass den Atem jetzt einfach kommen und gehen, ohne ihn zu vertiefen. Achte lediglich darauf, durch die Nase zu atmen.
- Lenk deine Konzentration jetzt ganz auf den Atemstrom an deinen Nasenflügeln. Ohne dich anzustrengen, beobachtest du einfach nur, an welcher Stelle du den Atem am intensivsten wahrnehmen kannst. Spüre das sanfte Strömen des Atems.
- Beginne nun mit der eigentlichen Konzentrationsübung: Um dich ganz im Atem sammeln zu können, achtest du auf den Anfang, die Mitte und das Ende jedes Atemzugs. Denk dazu beim Einatmen innerlich langsam: »Ein – ein – ein«, beim Ausatmen: »Aus – aus – aus.«
- Wiederhole das geduldig immer wieder.
- Irgendwann wird deine Aufmerksamkeit abschweifen, und du wirst dich in Gedanken oder Empfindungen verlieren. Sobald du das bemerkst, kehrst du mit deiner Aufmerksamkeit geduldig wieder zum Atem zurück: »Ein – ein – ein. Aus – aus – aus …«

Beende die Übung, indem du abschließend einige Male tief durchatmest.

Der Weg der Meditation

»Aber was ist es nun mit dem Schlüssel?«, fragte Pentho. »Wenn Ihr der Lehrer seid, hat es doch keinen Sinn, dass wir den Schlüssel bekommen und ihn Euch bringen?«

»Nun ja«, warf Faris ein. »Wenigstens haben wir es dann nicht weit.«

Der alte Lehrer schüttelte den Kopf und lachte. »Den Schlüssel habt ihr geschmiedet, indem ihr eure Reise gemacht habt. Der Schlüssel war immer bei euch, und mithilfe der Wächter habt ihr ihn geschliffen und bearbeitet, sodass er nun passen müsste.«

»Aber Lehrer«, fragte Pentho, »was schließt der Sternenschlüssel denn auf?«

»Das Schloss, das er aufschließen kann, ist in eurem Innersten. Öffnet das Tor zum Inneren, tretet ein in die Stille des Jetzt, die jedes Geräusch durchdringt. Der Sternenschlüssel ist der Schlüssel zu allem.« Mit einer fließenden Bewegung erhob sich der Lehrer. »Und nun werde ich euch zeigen, wie ihr den Schlüssel benutzt.« Der Lehrer sah seine beiden Schüler lange an und zwinkerte ihnen dann zu. »Vergesst den Himmel nicht, der in euch ist ...«

Und eine neue Reise begann.

* * *

Die positiven Auswirkungen der Meditation wurden durch wissenschaftliche Untersuchungen in aller Welt in den letzten Jahren immer wieder aufs Neue bestätigt. Aber mal ehrlich: Wer meditiert schon, um seinen Cholesterinspiegel zu senken, seine Immunabwehr zu steigern oder seine Telomere zu schützen? Der Grund, warum Meditieren immer beliebter wird, ist sehr einfach: Wir spüren, dass Meditation uns in unserer unruhigen Welt Ruhe, Kraft und Gelassenheit schenkt.

Wer bereits ein wenig Erfahrung im Meditieren hat, weiß, dass die Stille des Geistes, das innere Schweigen, das durch Meditation gepflegt wird, uns mit etwas verbindet, was sehr viel größer ist als wir selbst – einige nennen es »das Wesentliche«, andere »Gott«, »das Sein« oder »den Himmel«.

Auch wenn es viele unterschiedliche Meditationsformen gibt – letztlich geht es in der Meditation immer darum, dass wir unseren Geist sammeln, dass wir ganz in der Gegenwart ankommen und uns in unserer eigenen Mitte zentrieren.

Am einfachsten lässt sich innere Stille erfahren, wenn auch der Körper vollkommen still ist. Viele Meditationswege legen daher großen Wert auf die Stille im Körper – man denke nur an das stille Sitzen in der Zen-Meditation. Allerdings braucht es weder Meditationskissen noch eine besondere Gelenkigkeit in den Knien, um stilles Sitzen zu üben. Das kannst du nämlich fast überall machen. Achte einfach darauf,
- dass du aufrecht sitzt, ohne dich anzulehnen,
- dass die Augen geschlossen sind,
- dass Stirn, Kiefer, Nacken, Schultern und Hände ganz entspannt sind,
- dass dein Atem frei strömt und, vor allem,
- dass dein Körper vollkommen regungslos bleibt, ganz gleich, ob du längere Zeit oder nur eine halbe Minute meditierst.

»Das Licht der Herrlichkeit scheint mitten in der Nacht.
Wer kann es sehen?
Ein Herz, das Augen hat und wacht.«
Angelus Silesius

Neben dem Gebet und der Kontemplation ist es vor allem die Meditation, die es uns ermöglicht, das Licht in uns zu finden. Lichtmeditationen sind Bestandteil vieler spiritueller Schulen. In der Bibel ist oft vom Licht die Rede, etwa wenn Jesus sagt: »*Ich bin das Licht der Welt.*« Das Ziel aller buddhistischen Übungswege ist es ebenfalls, die Dunkelheit in unserem Leben zu überwinden und Erleuchtung zu erlangen. Und auch der Yoga-Weg weist uns Pfade, die Licht-Erfahrungen ermöglichen und zu Einsicht und Klarheit führen. Die Suche nach dem Licht ist also ein ganz elementarer Aspekt jeder Art von Spiritualität.

>»Asato ma sad gamaya.« –
Von der Täuschung führe mich zur Wahrheit.
»*Tamaso ma jyotir gamaya.*« –
Von der Finsternis führe mich zum Licht.
Brihadaranyaka Upanishad, 1, 3, 28

Es gibt unterschiedliche Meditationen, um sich auf das innere Licht auszurichten, das jenseits allen Leids erstrahlt. Hier ist eine besonders einfache und schöne Methode:

- Setz dich bequem und aufrecht hin und schließ die Augen.
- Komm zur Ruhe, entspann deinen ganzen Körper, und lass deinen Atem frei strömen.
- Leg deine Handflächen sanft auf die Brustmitte und schenk dir ein inneres Lächeln.
- Nimm Kontakt zu deiner Herzkraft auf. Spüre das Licht und die Kraft deines Herzens. Das innere Licht ist immer gegenwärtig – je mehr du dein Ich loslässt, desto klarer wird es zutage treten.
- Meditiere über alle positiven Gefühle, Empfindungen und Erfahrungen, die das Licht in deinem Herzen nähren.

Um die Übung zu beenden, löst du die Hände von der Brust und atmest drei Mal tief durch. Öffne dann die Augen, und versuche, das Licht, das du in dir trägst, immer mehr in die Welt hinausstrahlen zu lassen.

»An jedem Ort der Erde bist du dem Himmel und der Unendlichkeit gleich nahe.«
Henri-Frédéric Amiel

Die Reisenden

Die beiden Wanderer, Pentho, der Fürstensohn, und sein Freund Faris, der Esel, blieben eine Zeit lang im Tempel. Wie lang die Zeit war? Sie war da, ging nicht verloren und war voller Freude. Und doch begaben sie sich eines Tages wieder auf die Reise. Nicht, weil sie unzufrieden waren, sondern weil es ihre Bestimmung war. Obwohl es wieder ein Esel und ein Fürstensohn waren, waren es doch andere Reisende. Denn sie hatten den Sternenschlüssel geschmiedet.

»Sag mal, Fürstensöhnchen«, meinte Faris neckisch. »Wo ist eigentlich deine Unzufriedenheit geblieben?«

Pentho zuckte mit den Schultern und lachte gemeinsam mit seinem Freund.

Wohin reisten sie? Kamen sie an ein Ziel? Was erlebten sie? Was geschah? Nun, sie vergaßen den Himmel nicht und lebten im Licht des Jetzt. Und »Jetzt« ist ja nur ein anderes Wort für »die Ewigkeit« …

* * *

»*Eternity is just another word for Now.*«
Tom & Terry Band

Ein eifriger Schüler suchte den Meister auf.
»Meister, wie lange wird es dauern,
bis ich die große Weisheit erlangt habe?«
»Vielleicht zehn Jahre.«
»Aber wenn ich mich bemühe und mich anstrenge,
wie lange dauert es dann?«
»Vielleicht zwanzig Jahre.«
»Wenn ich aber alles gebe und mich zum Äußersten mühe?«
Der Meister seufzte. »Dann, mein Lieber,
wirst du sie wohl nie erreichen.«

Weitere Bücher der Autoren

Füttere den weißen Wolf. Weisheitsgeschichten, die glücklich machen. Kösel, München 2016

Die 7 Geheimnisse der Schildkröte. Den Alltag entschleunigen, das Leben entdecken. Heyne, München 2010

Bao und das Geheimnis der Gelassenheit. Heyne, München 2017

Gelassenheit für Anfänger. Gräfe & Unzer, München 2015

Karma – die Gebrauchsanleitung. Heyne, München 2011

Meditation – Techniken für innere Ruhe und Entspannung (mit CD). BLV, München 2014

Stärke das Gute und Lichtvolle in dir

Dieses Buch zeigt, wie sehr wir in jedem Augenblick unseres Lebens unser Handeln, unsere Einstellungen und unsere Worte selbst bestimmen können. Die Weisheitsgeschichten regen zum Nachdenken an und dienen als Anker, um unser Leben gelassen, glücklich und in innerem Frieden zu leben.

www.koesel.de